Das Bärenbuch Nach ihrem erfolgreichen Buch *Von Katzen und Menschen* hat Julia Bachstein jetzt Geschichten zu einem weiteren Kulttier gesammelt: Das Bärenbuch stellt all diejenigen vor, die in Bärenkreisen Rang und Namen haben. Es fehlen weder der Kragen- noch der Gummibär, der Eis-, Braun-, Schwarz-, Grizzly- oder Waschbär, der Koala-, Stachel-(!), Heidel-(!) oder Burgbär. Und schon gar nicht fehlt der Teddybär. Nicht vergessen wurde auch der Bärendienst, der Bettvorleger und die Bärenpopulation in Österreich. Nur Winnie the Pooh fehlt – aber den haben Bärenfreunde sowieso in ihrer Bibliothek.
Die Namen der Autoren – aus unserem und früheren Jahrhunderten – sprechen für sich: Uli Becker, Ambrose Bierce, Irmela Brender, Eva Demski, Günter Bruno Fuchs, Grandville, Brüder Grimm, Peter Härtling, Bernd Jentzsch, Reinhard Kaiser, Mascha Kaléko, Marie Luise Kaschnitz, Heinrich von Kleist, Elsemarie Maletzke, Klaus Modick, Günther Nenning, Hans Pleschinski, Joachim Ringelnatz, Esther Scheidegger, Jochen Schimmang, Robert Wolfgang Schnell, Andrea Simmen, Burkhard Spinnen, Wolf-Dieter Storl, Alain Claude Sulzer, Evelyn Waugh und Peter F. Weber.
Ergänzt wird die Geschichtensammlung durch wenige Gedichte und Zeitungsmeldungen über Kuriositäten. Ein Geschenkbuch für alle Teddyliebhaber – von den Literatur- bis zu den Gummibärfreunden und den Naturschützern vom World Wide Fund For Nature.

Julia Bachstein, 1947 in Montevideo geboren, lebt in Frankfurt am Main und übersetzte zusammen mit Sabine Techel und Susanne Levin die Erzählungsbände von Sylvia Plath: ›Die Bibel der Träume‹ (Fischer Taschenbuch 9515) und ›Zungen aus Stein‹ (Bd. 10783). Sie ist Herausgeberin des Bandes ›Von Katzen und Menschen‹ (Bd. 11288).

Das Bärenbuch

Herausgegeben von
Julia Bachstein

Fischer Taschenbuch Verlag

Mit Vignetten von Konstanze Berner

Veröffentlicht im Fischer Taschenbuch Verlag GmbH,
Frankfurt am Main, Dezember 1996

Lizenzausgabe mit freundlicher Genehmigung der
Schöffling & Co. Verlagsbuchhandlung GmbH,
Frankfurt am Main

Der Quellennachweis befindet sich
auf Seite 245.
Druck und Bindung: Clausen & Bosse, Leck
Printed in Germany
ISBN 3-596-12972-2

Gedruckt auf chlor- und säurefreiem Papier

Für Erich,
den Eisbär, der 1989
im Alter von 33 Jahren
im Frankfurter Zoo starb.

Burkhard Spinnen

Rheinische Bärenfabel

Zwei malaiische Kragenbären saßen nebeneinander hinter den Gitterstäben ihres Käfigs im großen Zoo am Rhein. Über den Weg und die Besucher hinweg sahen sie auf das Freigehege des Eisbären, der schon seit dem frühen Morgen den gleichen Weg auf und ab ging. Auf: bis zu dem künstlichen Felsen am Rande des Wassergrabens; Drehung auf der Hinterhand mit starkem Kopfnicken; ab: bis vor den Eingang zum Käfig.

Der erste Kragenbär kratzte sich am Hinterteil und deutete dann kurz mit der Schnauze. »Dat is Hospitalismus«, sagte er, »un zwar en janz schwerer Fall.«

Der zweite Kragenbär machte eine heftige Bewegung weg vom ersten, dabei fiel er auf die Seite, rollte aber geschickt ab und stand auf allen vieren. Die Kinder vor dem Käfig schrien vor Vergnügen. »Wie bitte!?« sagte der zweite Bär.

»Na, dat Auf- und Abjehen«, sagte der erste. Er schwenkte selbst ein paarmal den Kopf zur Seite. »Dat kommt vom Einjesperrtsein. Sach bloß, du wußtes dat nich?«

Der zweite Bär stellte sich auf die Hinterfüße. »Ich wußte nich, dat du sprechen kanns«, sagte er. »Dat is ja en reines Wunder!«

»Komm«, sagte der erste. »Tu mich dem Jefallen, un laß die Fisematenten.« Er kratzte sich zwischen den Beinen, sah dabei ins Publikum und fletschte die Zähne. »Ö, ö, ö«, machte er. Die Kinder wurden etwas zurückgezogen.

»Wie du dich widder benimms«, sagte der zweite Kragenbär. »Janz unmöchlich.«

Der erste hörte auf, sich zu kratzen. »Immer noch besser als so erumzelaufen«, sagte er. »Has du schon emal dem Nashornkäfich jesehen? An einer Seit is dä Betong son Stück wegjehauen.« Er zeigte es mit der Tatze. »Da läuft dä blöde Koffer zweihundertmal am Tach dajejen und merkt et nich.«

Der zweite Kragenbär schlug sich die Tatzen vors Gesicht. »Sach emal, wie komms *du* denn in dem Nashornkäfich?« sagte er. »Un überhaupt. Wat is eijentlich en Nashorn?«

Der erste Bär faßte seine Hintertatzen mit den vorderen und ließ sich hintüberfallen. Kurz ragte sein breiter Rücken in die Luft, da schwang er schon wieder vor und saß an der alten Stelle. »Ich verstehe«, sagte er. »Heut is also mal widder dieser besondere Tach, wa?«

»Richtich«, sagte der zweite Bär. Er wandte sich zu den Zuschauern, schlug die Tatzen zusammen, ließ die Zunge aus dem Maul hängen und machte ›Bööh‹.

»Sehr schön«, sagte der erste Kragenbär. »Heut is dann also unser Tierischer Tach, oder nit?«

»Bööh«, sagte der zweite Bär. Er ging jetzt ein paar Schritte auf den Hinterbeinen, dabei wakkelte sein Oberkörper stark. Einige Kinder fanden ihn goldig; man las ihnen die Warnungen vor, den Bären auf keinen Fall zu füttern.

Der erste Kragenbär stand langsam auf. »Un ich vermute also richtich, dat du dich, um en Beispiel zu nennen, nich mehr an unserem lateinischem Namen erinners?«

»Bööh«, sagte der zweite Bär.

»Oder an unser Verbreitungsjebiet?«

Der zweite Bär blieb stehen. »Hier«, sagte er und wies um sich. »Käfich, Käfich.«

»Un du has auch unserem Frust übber die Jefangenschaft abjelecht?«

Der zweite Bär ließ sich zurück auf alle vier Tatzen fallen und roch geräuschvoll an dem kahlen Baumstamm, der an Ketten von der Decke hing. »Kletterbaum«, sagte er. »Kletterbaum jut! Hmm. Prima Kletterbaum.«

»Ich habbet jewußt«, stöhnte der erste Bär.

Der zweite lief jetzt zu dem Metalltrog in der Ecke, in dem ein paar bräunliche Früchte lagen. »Hm!« rief er. »Fressen! Fressen is auch jut.« Er faßte den Trog behutsam mit den Zähnen und trug ihn zu den Gitterstäben. Dann gab er ihm einen gewaltigen Hieb mit der Tatze, daß er gegen die Stäbe flog und der Inhalt überallhin spritzte.

»Uaaaah!« schrie der zweite Bär. »Erumtoben! Erumtoben is et Allerschönste. Dä lustije Bär tut immer erumtoben!« Er wandte sich um und sprang aus einiger Entfernung den Kletterbaum an, verfehlte ihn aber und landete auf dem Bauch. Draußen brauste das Gelächter. Ein paar Besucher waren gegangen, ihre Kleidung zu reinigen.

»Un jetz, meine Damen und Herren«, schrie der zweite Bär, »die Hauptnummer! Die jroße Sensation.« Er trat wieder vor die Gitterstäbe und richtete sich daran auf. Die Kinder kreischten.

Der erste Bär hatte inzwischen ein paar Schritte ins Rückwärtige des Käfigs gemacht und sich gegen die gekachelte Wand gelehnt. Jetzt ließ er sich daran herabgleiten. »Okay«, sagte er ruhig. »Dann tuet aber auch richtich. Laß bloß nix aus. Zieh et durch, wenn du et brauchs.«

»Ich brauch et«, schrie der zweite Bär.

»Dann machet endlich. Pinkel innet Publikum! Denk nur immer dran: du bissen Tier und keiner kann dich.«

Der zweite Bär rüttelte an den Gitterstäben. »Ja«, schrie er, »ich binnen Tier. Ich machet. Ich lasset eraus!« Er wühlte in seinem Fell. »Jleich«, sagte er. »Jleich kommtet.«

Der erste Bär nahm eine Frucht vom Boden und roch daran. »Yeah«, sagte er. »Give the people, what the people want.«

»I'm coming!« schrie der zweite Bär.

Der erste biß mit hochgezogenen Lefzen vorsichtig in die Frucht, spuckte aber gleich wieder aus. »Suck it to them, baby«, sagte er.

Da heulte der zweite Bär laut auf. Er schlug mit dem Kopf gegen die Stäbe und begann zu schluchzen. »Ich kannet nit«, sagte er. »Ich bringet nit. Ich bringet einfach nit fertich.«

Der erste Bär sah zur Käfigdecke hoch. »Jedesmal datselbe«, sagte er so leise, daß es keiner hören konnte. Mühsam rappelte er sich auf und trottete zu den Gitterstäben. Er legte dem zweiten, der dort zusammengesunken war, eine Tatze auf den Rücken und biß ihm leicht ins Ohr. »Laß nur, ich versteh dich«, sagte er. »Und mach dir nix draus. Wir kriejen dat alle mal.«

Der zweite Bär zog durch die Nase hoch. »Ich schäm mich eso«, sagte er und drückte seine Schnauze ins Fell.

»Brauchse nit«, sagte der erste.

»Edoch«, sagte der zweite.

Der erste Kragenbär verdrehte die Augen. »Weisse wat?« sagte er. »En Vorschlach zur Jüte: Laß uns einfach von wat anderem reden.« Er legte sich neben den zweiten und leckte ihm übers Gesicht. »Et neuste hasse nämlich noch nit jehört, oder?«

Der zweite schüttelte leicht den Kopf.

»Dann passema auf.« Der erste fuhr sich mit der Tatze übers Maul. »Nebenan bei Pandas is nämlich widder dicke Luft. Nix jeht mehr. Verstehse?« Er machte eine obszöne Geste. »Und jetz halt dich fest. Die lassen einem einfliejen, aus China, extra für dat Befruchten!« Er stupste den zweiten. »Wat sachse?«

Der zweite Kragenbär drehte sich ruckartig zum ersten herum. »Is dat wahr?« sagte er. »Is dat wirklich wahr?«

»Verlaß dich drauf«, sagte der erste. »Ich habbet selbs jehört.«

»Dat jibbet ja nit!« sagte der zweite Kragenbär. Er schüttelte sich vor Lachen, dann warf er sich auf den ersten. »Ich jlaub et nit!« schrie er ihm ins Ohr. »Fürt Befruchten einem aus China! Wat dat widder kost! Ich jlaub et einfach nit!« Beide Bären brüllten zusammen.

Vor dem Käfig standen jetzt nur noch wenige Leute. »Was ist das, was die Bären da machen?« fragte ein Kind. »Das ist Liebe«, sagte der Vater.

Bernd Jentzsch
Ein Streifzug der Tiere

Vor dem Frühstück ging ich in den Garten und setzte mich eine kleine Weile unter den Nußbaum. Es war schon sehr heiß. Oben im Nußbaum herrschte absolute Windstille. Ich lehnte mich gegen den Stamm und hörte den Vögeln zu. Schließlich stand ich auf und sah mich im Garten um. Als ich an der Hecke vorbeikam, versperrte mir ein Eisbär den Weg. Sein Fell war weiß wie das Innere von Grönland. Ich sprang zur Seite und stieß einen mörderischen Schrei aus.

Guten Morgen, sagte der Eisbär.

Ich erstarrte wie das Kaninchen vor der Schlange.

Du brauchst keine Angst zu haben, sagte er freundlich. Er trat einen Schritt auf mich zu. Ich wich schnell zurück.

Wirklich, sagte er, wir tun dir nichts.

Wieso wir? fragte ich entsetzt.

Ich bin mit Freunden hier, sagte der Eisbär.

Er zeigte auf das Dach. Dort stolzierte der Pfau.

Er zeigte auf den Weg. Dort trabte das Zebra.

Er zeigte auf die Hängematte. Darin rekelte sich das Faultier.

Er zeigte auf den Nußbaum. Dort kletterte das Chamäleon.

Zuletzt zeigte er auf das Lilienbeet. Dort sonnte sich der Leopard.

Wie seid ihr denn hergekommen? fragte ich.

Mit der ersten S-Bahn, sagte der Eisbär.

Es war nicht einfach, sagte er. An der Sperre hatten wir Schwierigkeiten. Sie glaubten uns nicht, daß es mit rechten Dingen zugeht und wollten die Polizei alarmieren.

Ich sah den Eisbären argwöhnisch an.

Siehst du, sagte er, du glaubst uns auch nicht. Der Eisbär rief seine Freunde herbei und forderte sie auf, mir ihre Honneurs zu machen.

Guten Morgen, sagte das Zebra, ich bin das Zebra.

Guten Morgen, sagte der Leopard, es ist mir ein Vergnügen.

Guten Morgen, sagte auch das Chamäleon.

Pfao, sagte der Pfau auf dem Dach.

Nur das Faultier traf keinerlei Anstalten. Es sagte bloß Och! und schloß die Augen und schaukelte ein bißchen und schob die Unterlippe vor.

Heute bleibt der Tierpark geschlossen, sagte der Eisbär.

Und da haben wir uns gedacht, sagte das Chamäleon.

Daß das genau der richtige Tag ist, sagte der Leopard.

Zumal bei so schönem gestreiften Wetter, warf das Zebra ein.

Um einmal unsere Tierfreunde zu besuchen, sagte der Eisbär.

Es ist ein Gegenbesuch, sagte das Chamäleon und färbte sich grün.

Wir wollen uns informieren, was unsere Tierfreunde fressen und wie die Käfige beschaffen sind, in denen sie leben, sagte der Leopard.

Hast du schon gefressen? fragte das Zebra.

Nein, antwortete ich wahrheitsgemäß.

Ursprünglich hatten wir einen anderen Plan, sagte der Eisbär.

Uns schwebte ein Trip in die alte Heimat vor, sagte der Leopard.

Leider waren keine Chartermaschinen zu kriegen, sagte das Zebra.

Ich könnte mich rot ärgern, sagte das Chamäleon.

Schwarz, verbesserte es der Eisbär.

Eierkopp, sagte das Chamäleon beleidigt und färbte sich schwarz.

Der Leopard hatte Afrika gebucht, sagte der Pfau.

Der Pfau hatte sich Indisch-Pfao eingebildet, sagte der Leopard.

Ich wollte nach Spitzbergen, sagte der Eisbär.

Wie gern hätte ich Farbversuche in der Heimat gemacht, sagte das Chamäleon und schaltete auf Indigo.

Aber die Chartermaschinen, sagte der Leopard traurig.

Hast du tatsächlich noch nicht gefressen? fragte das Zebra wieder.

Nein, sagte ich wieder wahrheitsgemäß.

Deshalb sind wir geblieben, wo wir sind, sagte der Leopard. Freust du dich nicht?

Doch, sagte ich. Ich habe bereits von euch geträumt.

Fein, da kommen wir ja wie gerufen, sagte der Eisbär.

Wenn es euch recht ist, können wir jetzt zusammen frühstücken, sagte ich.

Was gibts denn? fragten der Leopard und das Zebra gleichzeitig.

Ich seh mal nach, sagte ich und ging auf das Haus zu.

Ist das dein Käfig? rief mir der Leopard hinterher.

Es ist ein gewöhnliches Wohnhaus, sagte ich. Es gehört der Stadt.

Das Gitter ist verdammt massiv, sagte der Leopard nachdenklich. Die Stadt hält euch wohl ziemlich kurz, was?

Ich sah nach, was sich im Kühlschrank für das Frühstück auftreiben ließ, packte hunderterlei aufs Tablett und trug es in den Garten.

Gekochte Eier, sagte ich. Schinken, Toastbrot.

Ich bemühte mich, alles möglichst appetitanregend auszusprechen.

Ich sagte: Pflaumenkonfitüre und schnalzte mit der Zunge. Ich hob den Finger und sagte genüßlerisch langsam: Delikateßgurken.

Hm, sagte das Zebra.

Na ja, sagte der Leopard.

Ich habe auch Himbeereis, sagte ich freundnachbarlich und war schon drauf und dran, noch einmal ins Haus zu gehen.

Mach dir keine Umstände, sagte das Zebra.

Ich rügte mich insgeheim, weil ich ein so schlechter Gastgeber war.

Wie wärs mit Teltower Rübchen? fragte ich.

Es ist sehr liebenswürdig von dir, antworteten alle Vier. Sogar der Pfau auf dem Dach, der bestimmt nicht jedes Wort verstanden hatte, bedankte sich. Das Faultier hatte unterdessen, ohne sich dabei zu bewegen, die Oberlippe vorgeschoben.

Ihr freßt allerhand ulkige Sachen, sagte der Eisbär. Eine Scholle Packeis wäre mir lieber, es ist höllisch heiß.

Oder einfach was Grünes, sagte das Zebra.

Gut, sagte ich und gab die Johannisbeersträucher frei.

Oder einfach paar mürbe Äpfel, sagte das Chamäleon.

Ich beschrieb ihm, wo im Keller die Äpfel für den Winter eingelagert waren, und es kroch unverzüglich los.

Der Pfau auf dem Dach schrie dreimal Pfao.

Er fragt, ob sich im Haus nicht eine Handvoll Körner findet, Hirse oder Sesam, übersetzte der Eisbär.

Den Frühstückswunsch des Pfaus konnte ich nicht erfüllen. Der Eisbär übersetzte es ihm, und der Pfau wies nachträglich sein Rad wie eine königliche Visitenkarte vor. Ich beachtete ihn nicht länger und erkundigte mich nach dem Speisezettel des Eisbären.

Ja, sagte er, hast du nicht eine Robbe im Kühlschrank?

Der Konsum wird schlecht beliefert, sagte ich. Sonst gern.

Ja, sagte der Eisbär, was machen wir da?

Hier sind zehn Mark, sagte ich, probiers trotzdem.

Wie heißt du eigentlich? fragte der Eisbär mit glänzenden Augen.

Warum willst du das wissen? fragte ich zurück.

Es ist dann persönlicher, sagte er.

Ich heiße Fred, sagte ich.

Bis gleich, Fred, sagte er und ging in den Konsum hinüber.

Der Leopard hatte sich einstweilen den Schinken geschnappt.

Entschuldige bitte, sagte er, ich habe einen Mordshunger.

Ich Hammel hätte wenigstens ein Pfund gemischten Aufschnitt kaufen sollen, murmelte ich vor mich hin.

Oh, ein Hammel, sagte der Leopard, wo ist er?

Ich erklärte ihm die bildhafte Rede, er glaubte

mir jedoch nicht und legte sich sofort auf die Lauer.

Das Zebra und das Chamäleon hatten das Frühstück beendet und erfanden für meine Küche die verschwenderischsten Komplimente. Kurz darauf kehrte auch der Eisbär zurück.

Wie wars? fragte ich.

Sie haben natürlich verrückt gespielt, sagte er.

Ich hatte gewisse Bedenken und bat ihn, alles der Reihe nach zu erzählen, und der Eisbär sagte: Also, ich ordnete mich in die Schlange ein, aber die Leute liefen weg. Nur die Verkäuferin blieb. Ich fragte sie, ob Robben vorrätig seien. Sie bedauerte. Ja, wenn wir noch privat wären, sagte sie, dann hätten Sie eine Auswahl, Ohrenrobben, Walrosse, Seehunde, selbst frei Haus. Ich entschied mich für zwei Kilo Kabeljau. Als sie ihn abwog, sah ich, wie sehr ihre Hände zitterten, und weil ich Wert auf eine sorgfältige Einwaage lege, sagte ich ihr, daß ich der Mann sei, der sich im Kinderzoo das Eisbärenfell überstreife und für fotografische Aufnahmen zur Verfügung stehe. Sie warf erleichtert ein besonders großes Exemplar in die Waagschale und wollte auf der Stelle sechs mal neun fotografiert werden. Ich hole nur meine Kamera, habe ich gesagt, sagte der Eisbär.

Als er seinen Bericht beendet hatte, zogen wir uns in den Schatten zurück, ausgenommen der Pfau auf dem Dach und das Faultier in der Hängematte. Der gemütlichste Platz war im Schatten unter dem Nußbaum, und dorthin gingen wir auch.

Wißt ihr was, sagte ich, um das Gespräch wieder in Gang zu bringen, habt ihr nicht Lust, mir bei meinen Schulaufgaben zu helfen?

Nichts lieber als das, riefen der Leopard, das Chamäleon, das Zebra und der Eisbär mit der Stimmkraft eines Männerchores.

Jao, sagte der Pfau auf dem Dach.

Halt, sagte der Leopard. Wieso denn Schulaufgaben?

Aus dem Alter bist du doch raus, Fred, pflichtete ihm der Eisbar bei.

Stimmt, sagte ich. Es ist eine Qualifizierung.

Es ist eine, sagte der Leopard.

Es ist also eine, sagte das Zebra.

Eine Tauglichkeit, eine Eignung, eine Befähigung, sagte ich, die erhöht wird, damit ich die Merkmale eines Facharbeiters erhalte.

Sie staunten.

Ich suchte meine Utensilien zusammen und dachte mir die erste Frage aus. Es war eine Frage aus der Geographie, für den Anfang bloß Dänemark.

Und wo kommst du nicht weiter? fragte das Zebra.

Hier, sagte ich, die wichtigsten Städte Dänemarks.

Aarhus, sagte der Leopard auf Anhieb.

Odense, Horsens, Randers, Esbjerg, sagte der Eisbär.

Fredericia und Helsingör, sagte das Zebra.

Dem Leoparden fiel Svendborg ein.

Florenz, sagte das Chamäleon.

Wer hat nicht gelesen, daß Chamäleons bis zum äußersten gehen können, wenn sie sich langweilen. Ich vertiefte mich in den Lehrbrief und hoffte eine Frage zu finden, an der sie allesamt lange zu kauen haben würden.

Winnipeg, sagte das Chamäleon und phosphoreszierte.

Einen Moment, sagte ich.

Sechsundneunzig durch zwölf, gab ich ihnen auf.

Ergibt acht, ist doch klar, sagte der Leopard.

Archangelsk, sagte das Chamäleon finster.

Ich wußte, daß ihre Mütter und Väter oder ihre Großmütter und Großväter oder ihre Urgroßmütter und Urgroßväter in der ganzen Welt zu Hause waren, und ich wußte außerdem, daß sie die Wissenschaften der fernen wilden Länder den Kindern und Kindeskindern vermittelten, und also konnte ich ihnen nicht mit Dänemark und sechsundneunzig durch zwölf kommen.

Der Eisbär fragte: Was ist denn nun, Fred?

Es blieb mir nichts anderes übrig, als ihnen zu gestehen, daß ich nicht wußte, was Glück ist.

Die wichtigsten Städte Dänemarks, sagte ich, das hätte ich auch ohne euch gewußt. Aber was wißt ihr über das Glück?

Oh, wir wissen eine Menge darüber, riefen sie durcheinander.

Zum Beispiel? fragte ich.

Zum Beispiel Hans im Glück, sagte der Leopard.

Dem Glücklichen schlägt keine Stunde, sagte der Eisbär.

Glück und Glas zum Beispiel, wie leicht bricht das, sagte das Zebra.

Nein, sagte ich, das ist es nicht.

Der Pfau auf dem Dach sagte: Auf gut Glück.

Ich brauche eine Definition, sagte ich. Zum Beispiel, wann seid ihr glücklich?

Wenn ich meinen Käfignachbarn geärgert habe.

Wenn mein Kind schöner gestreift ist als die anderen Kinder.

Wenn ich eine Robbe fertigmache, Fred.

Wenn ich es erlebte, daß eine Farbe nach mir benannt wird.

Wenn ich faul sein kann.

Sie sagten es glückstrahlend.

Ich dachte lange darüber nach.

Am glücklichsten bin ich, wenn ich geknipst werde, sagte der Pfau. Er stolzierte über das Dach und sprach gebrochen deutsch.

Ist es sehr schwierig, ein Facharbeiter des Glücks zu werden? fragte das Zebra.

Das Zebra stellte seine Frage Punkt zwölf. Meine Antwort ging im Dröhnen der Glocken unter, und als es wieder still war, hörte ich ein fürchterliches Knurren. Es war der Bauch des Leoparden. Der Leopard lag noch immer auf der Lauer und erwartete die Passage des Hammels.

Der glücklichste Augenblick meines Lebens wird gekommen sein, wenn ich den Hammel reiße, sagte er.

Was überlegst du so lange, Fred? fragte der Eisbär.

Jeder ist seines Glückes Schmied, sagte ich.

Der Eisbär war sehr verwirrt, denn alles, was er und der Leopard, das Zebra und das Chamäleon, der Pfau und das Faultier über das Glück wußten, hatten sie den Menschen abgelauscht, die sich im Sommer und im Winter vor ihren Gehegen drängten.

Wir haben nur einige Wörter ausgetauscht, sagte das Zebra.

Damit es nicht so tierisch klingt, sagte das Chamäleon.

Die Menschen fühlen sich uns verbunden, sagte der Eisbär. Wenn ihnen jemand auf den Fuß tritt, sagen sie: He, Sie Trampeltier. Zu ihren Kindern sagen sie: Ihr Ferkel. Nach dem 2:0 nennen sie den Torwart eine lahme Ente.

Und wenn sie Zicke sagen, meinen sie das Fräulein vom Fernamt, das keine Verbindung herstellen konnte, sagte der Leopard.

Die Menschwerdung ist ein langwieriger Prozeß, sagte ich.

Bis zu den Schultern ist sie schon geglückt.

Nur der Kopf ist heikel, sagte ich.

Deshalb die Qualifizierung.

Dann verabschiedeten sie sich, und ich brachte sie zum S-Bahnhof.

Habt ihr Kleingeld zur Hand? fragte ich.

Die Gewerkschaft hat Freifahrscheine ausgegeben, sagte der Eisbär.

Als der Zug einfuhr, sagte ich: Kommt mal wieder.

Laßt von euch hören, rief ich ihnen zu, als sie im Zug saßen.

Eines Tages steckte eine Weltpostkarte in meinem Briefkasten. Der Eisbär schrieb: Lieber Fred, wir sind gut zu Hause angekommen. Unterwegs gab es noch einen Zwischenfall. Während wir in Hirschgarten hielten, wollte der Leopard aus dem Fenster springen. Wir konnten ihn nur mit äußerster Mühe zurückhalten. Tausend Dank für alles. Deine vierbeinigen Menschenfreunde.

Der Pfau hatte darunter geschrieben: Zweibeinig.

Das Chamäleon hatte darunter geschrieben: Es lebe der Ostwaldsche Farbenkreis.

Der Leopard hatte darunter geschrieben: Heute gab es Hammelkeule.

Das Faultier hatte zu einem Aufstrich angesetzt und war dabei eingeschlafen.

Das Zebra hatte darunter geschrieben: Auch Kopenhagen ist eine wichtige Stadt in Dänemark.

Peter Härtling

An eine geschätzte Person

Sie wollen mir einen Bären aufbinden?
Ich bitte Sie, wo?
Ich bitte Sie, wie?
Zuerst einmal müssen Sie einen Bären finden.
Ich frage Sie: Wie?
Ich frage Sie: Wo?
Und haben Sie einen Bären gefunden,
ist er mir noch längst nicht aufgebunden.
Denn ich frage Sie: Wie?
Und ich sag's Ihnen so:
Das Bärenaufbinden
bei Kindern und Alten,
bei Schöngestalten
und weniger solchen,
bei lustigen und wässrigen Molchen,
das Bärenaufbinden
bei Klugen und Dummen,
bei Graden und Krummen,
bei Nachtschwärmern und Tagedieben
und denen, die es im Dämmern lieben,
das Bärenaufbinden
können Sie nicht sehen,
nicht im Sitzen, nicht im Stehen.
Darum bitte ich – in Erwartung – Sie:

Trauen Sie endlich Ihrer Phantasie.
Und wenn Sie Ihren Bären erfunden,
ist er mir auch schon aufgebunden.
Fragen Sie nicht: Wie?

Heinrich von Kleist

Außerordentliches Beispiel von Mutterliebe bei einem wilden Tiere

Als die Fregatte »The Carcass«, welche im Jahre 1772 nach dem Nordpol segelte, um Entdeckungen zu machen, eingefroren war, meldete der Wächter auf dem Mast an einem Morgen, daß drei Bären heftig über den Ozean liefen und dem Schiff zueilten. Sie waren ohne Zweifel durch den Trangeruch von einem Seepferd eingeladen worden, welches das Schiffsvolk einige Tage vorher getötet hatte und eben auf dem Eise verbrannte. Es zeigte sich gleich, daß es eine Bärin mit zwei Jungen war, die fast so groß waren wie die Mutter. Sie rannten dem Feuer zu, rissen Stücke Fleisch heraus, welche unverbrannt geblieben waren, und fraßen sie gierig auf. Das Schiffsvolk warf ihnen noch mehr Klumpen Seepferdfleisch hin, welche man auf dem Eise hatte liegenlassen. Die alte Bärin holte einen nach dem anderen, legte ihn so, wie sie ihn brachte, vor die Jungen hin, zerteilte ihn, gab jedem ein großes Stück und behielt für sich nur ein kleines. Wie sie den letzten holte, feuerte man auf die Jungen, schoß sie nieder und verwundete die Mutter auf ihrem Rückwege, obgleich nicht tödlich.

Hier würde es auch der rauhesten Seele Empfindungen des Mitleids ausgepreßt haben, wenn sie die liebevolle Kümmernis gesehen hätte, welche das arme Tier bei dem Sterben ihrer Jungen ausdrückte. Obgleich sie schwer verwundet war und kaum zu dem Platze, wo sie lagen, kriechen konnte, so schleppte sie doch das Stück Fleisch mit, welches sie zuletzt gefaßt hatte, zerteilte es, wie die vorigen, und legte es vor sie nieder. Und wie sie sah, daß sie nicht fressen wollten, legte sie ihre Tatzen zuerst auf das eine und dann auf das andere und wollte sie gerne aufrichten. Erbärmlich war die ganze Zeit über ihr Ächzen anzuhören. Wie sie fand, daß sie ihre Jungen nicht aufrichten konnte, kroch sie eine kleine Strecke von ihnen weg, sah zurück und ächzte. Wie dieses Hinweglocken nicht helfen konnte, kehrte sie zurück, roch um sie herum und hub an, ihre Wunden zu lecken. Sie kroch darauf noch einmal einige Schritte weg, sah wieder zurück und stand einige Augenblicke still und ächzend. Aber ihre Jungen konnten ihr nicht folgen. Sie kroch wieder zu ihnen, ging mit dem Zeichen der unausdrückbarsten Liebe um sie herum, sie betastend und ächzend. Endlich, wie sie fand, daß sie tot und ohne Leben waren, hob sie ihr Haupt in die Höhe, sah nach dem Schiffe und heulte den Mördern einen Fluch zu, den diese mit einer Musketensalve beantworteten. Sie fiel hierauf zwischen ihre Jungen nieder und starb, ihre Wunden leckend.

Elsemarie Maletzke

Miss Miles und ihr Koala

Miss Miles hatte ihren Schwager Liam Franklin nur auf den Hochzeitsbildern ihrer Schwester Polly gesehen, einen großen Mann Ende Vierzig mit einem zu breiten Schlips, doch sie erkannte ihn sofort, wie er da in der Ankunftshalle des Flughafens von Canberra auf sie wartete. Ein Bauer, dachte Miss Miles, die schnell mit ihrem Urteil war und sich ungern eines besseren belehren ließ. Wenigstens trug er keine Shorts. Er lächelte unsicher, als sie auf ihn zutrat und streckte ihr dann seine Hand entgegen, die sich hart wie Schildpatt anfühlte. Nach den Fotos hatte sie sich seine Augen nicht so blau vorgestellt. Ein bißchen scheu, aber offenbar weiß er, was er will, dachte Miss Miles, als er sich auf dem Absatz herumdrehte und sie ihm und dem Koffer durch die Halle nacheilte. Damit durfte Mr. Franklin zufrieden sein.

Polly war nicht mitgekommen. »Sie ist am Backen«, sagte Liam und schob ihr Gepäck in den Landrover. Natürlich, sie war am Backen, wenn ihre einzige Schwester zum ersten Mal und nach so vielen Jahren eine derart weite Reise unternahm, aber im Grund war Miss Miles nicht böse. Schließlich war sie nicht ihrer Schwester wegen gekommen. Außerdem hätte sie auch diesmal hinten gesessen, obwohl Polly wußte, daß ihr dort schlecht werden würde. Sie hätte durch die kleinen Scheiben gespäht und vergeblich zu erhaschen versucht, was man vorne zum Fenster hinausbrabbelte. So stieg sie auf den Beifahrersitz, setzte ihren Sonnenhut ab, zog den zerknautschten Rock unters Knie, als Liam die Tür hinter ihr zuschlug, und freute sich auf die Fahrt nach Brindabella. »Lange Reise, wie?« fragte er mitfühlend, als er an ihrer rechten Seite wieder auftauchte und den Wagen in rappelndes Beben versetzte. Miss Miles seufzte zustimmend und versuchte mit dem Rechen ihrer fünf Finger ihr Haar aufzurichten. »Nur noch zweieinhalb Stunden«, sagte er aufmunternd.

Sie sah Männern gern beim Autofahren zu, wie sie offenbar besinnungslos mit Knüppel und Steuer hantierten, den Wagen geschwind voranbewegten und dabei noch die Stirn hatten, mit ihren Passagieren zu sprechen. Miss Miles konnte immer nur eines auf einmal tun und chauffierte miserabel. Deshalb hatte sie es vor zehn Jahren ganz aufgegeben. Der Gedanke, sich lächerlich zu machen, war ihr unerträglich. Sie sah auch gerne auf den starken braunen Unterarm und manchmal in das ihr halb zugewandte Gesicht, wenn er sie nach »zu Hause«, nach Brighton, fragte. Miss Miles stand dort mit wechselndem Erfolg einer Familienpension vor und erzählte ihm einige Schnurren ihrer schrecklichsten und albernsten Gäste. »Und sonst?« Sonst nichts. Wie ging es Polly?

Sie bogen von der Straße ab und rumpelten auf eine Sandpiste durch den Busch. Von den hellen Stämmen der Eukalyptusbäume hing die Rinde in langen Streifen. »Sterben die Bäume?« fragte Miss Miles. »Nur wenn's brennt«, antwortete Liam. Er hatte sie nicht verstanden. In Australien war alles so anders als in England. Die Sonne stand mittags im Norden, Winter war Sommer, die Bäume warfen ihre Rinde statt der Blätter ab, und der Bär war ein Beuteltier und duftete nach Hustenbonbons. »Gibt es Koalas in Brindabella?« Damit hatte Miss Miles ihr zentrales Anliegen in eine nonchalante Frage gekleidet. Sie hatte es sich in den Kopf gesetzt, vor ihrem 40. Geburtstag einen Koala zu sehen – auch Känguruhs, Emus, Wombats, Schnabeltiere, den ganzen australischen Zoo – aber vor allen Dingen einen Koala. Der Entschluß war im gleichen Maße dringlich geworden wie die Bitte an ihren Liebhaber, vor diesem Termin seine Sachen gepackt zu haben. Sie wollte, daß er ausgezogen war, wenn sie in drei Wochen zurückkehrte. Da er nicht zur obstinaten Sorte Mann gehörte, rechnete Miss Miles mit einer zufriedenstellenden Regelung für ihre Person. Inzwischen unternahm sie eine weite Reise, um sich von einem Rest Bedauern zu befreien. Die weiteste Reise, die sie sich vorstellen konnte, führte zu den Koalas. Polly lag eher zufällig am Weg.

»Koalas – haben wir«, erwiderte Liam, »nette Burschen.« »Ich habe im Flugzeug einen Film gesehen, in dem sich ein Ehepaar einen winzigen Koala hielt«, erzählte Miss Miles. »Er war wohl aus dem Nest gefallen. Nachts schlief er in der Frisur der Frau.« Sie fuhren aus dem wilden Wald auf einen offenen Höhenrücken. Unter ihnen lag das weite, grasige Tal von Brindabella. Das rote Dach der Franklin'schen Farm leuchtete aus einem Strauß dunkler Wipfel. »Koalas haben kein Nest«, sagte Liam lächelnd. »Ich zeig' sie dir.« Das hörte Miss Miles gerne.

Polly kam die drei Stufen von der Terrasse herunter und wartete unter den großen Ulmen, als der Landrover auf den Kiesplatz fuhr. Miss Miles schoß das Gift durch die Adern. Alles wie gewohnt. Sie und ihre Schwester glichen zwei unverträglichen chemischen Elementen, zwischen denen es schon bei Augenkontakt zu bruzzeln begann. Wie üblich war nichts an Polly auszusetzen: Sie trug etwas Blaues und sah im Schatten so zart aus, daß Miss Miles ihre eigene verschwitzte Reiseerscheinung kränkend ins Gemüt fuhr. Eine schöne Dame, ein großes Haus, ein frisch gesprengter Rasen, zwanzigtausend Acres und gottweißwieviel Rindvieh, netter Mann, keine Kinder, keine Sorgen bis auf den Kuchen im Ofen. Und natürlich waren Pollys blonde Locken noch ohne einen heufarbenen Schimmer, während sich Miss Miles vor dem Spiegel die ersten weißen Borsten zwischen den dunklen herauszupfen mußte. Sie grinste ihre Schwester durch die Scheibe an. »Herzchen«, rief Polly, »wie lange ist es her? Sechs Jahre?« Sie wußte, daß die Jüngere nicht Herzchen genannt werden wollte. Ich werde Koalas sehen, tröstete sich Miss Miles.

Sie saßen auf der Veranda und tranken Tee. Polly hatte Scones und Muffins gebacken. Noch ganz warm häufte Miss Miles roten Gelee und feste Sahne auf ihre Hälften, wohl wissend, daß ihr Magen solche Schläge nicht vertrug. Jenseits des Gartenzauns lagerten zwei gewaltige Murray-Grey-Stiere wie Findlinge. Die Kletterrosen dufteten, und in den Pflaumenbäumen sang ein Zaunkönig mit der Lautstärke einer Gans. »Es ist ein bißchen wie in Sussex, weißt du noch?« Aber Polly lachte. »Hier ist nichts wie in Sussex.« Sie schaute zu Liam hinüber, der sie mit seinen blauen Augen über den Rand der Teetasse anlächelte. So ist das also, dachte Miss Miles. Und ich habe geglaubt, Australien sei erotisch ein ganz verschnarchter Kontinent. In Sussex hat sie ja nichts Gescheites gefunden. Ich übrigens auch nicht. Und sie schnitt sich noch ein Hefebrötchen auf.

Nach dem Abendessen betrachteten sie die Sterne. Liam montierte im Garten das Teleskop auf ein Stativ. Miss Miles holte den Feldstecher ihres Vaters aus dem Koffer. Ihre Leinenschuhe waren noch naß vom Tau, aber sie wechselte sie nicht. Zu groß war ihre Ungeduld, das Glas auf das

Kreuz des Südens zu richten. Mit bloßem Auge sah sie, daß Orion auf dem Kopf stand. Das Schwert zwischen seinen Beinen zeigte hinauf in den Himmel, als trotzte es der Schwerkraft. Miss Miles stellte sich ihren Schwager in dieser Stellung vor. Sie legte den Kopf in den Nacken und starrte in die dicken weißen Sternenhaufen. »Mach doch bitte mal das Licht aus!« rief sie Polly zu, die mit dem Weinglas in der Hand auf der Veranda geblieben war. In der plötzlichen Dunkelheit war sie sich ihrer nassen Füße und des in ihrer Nähe hantierenden Herrn stärker bewußt. »Wo ist das Kreuz des Südens?« fragte sie leise, ohne das Fernglas von den Augen zu nehmen. Er trat schweigend hinter sie und führte sachte ihre emporgerichteten Arme zum Ende der Milchstraße und dem funkelnden Drachenkreuz. Seine atmende Wärme berührte ihren Rücken. Miss Miles fühlte prasselnde Wogen zwischen ihren Beinen nach oben schlagen und die Knie wurden ihr weich. Na, bravo, dachte sie, hab ich's doch geahnt!

In der Nacht stieg sie aus dem Messingbett und trat auf die Veranda. Die Grillen sägten auf großen Instrumenten. Ein heller, grün duftender Wind war aufgekommen. Sie schaute nach Orion aus, aber der war schon auf dem Kopf über das Dach davongewandert. Ich bin imstande, dachte sie, erfüllt von einer wilden Lachlust, und wußte sehr wohl, daß sie es nicht war.

Polly packte einen Deckelkorb mit selbstgebackenem Brot, kaltem Huhn, Weißkrautsalat und einer Flasche Chardonnay und winkte Mann und Schwester unter den Ulmen stehend nach, als sie am nächsten Morgen zu den Koalas aufbrachen. Sie mußte heute die Johannisbeeren pflücken, ehe die Kakadus sie alle abgepickt hatten. Außerdem waren die Bären tückische Biester, Plumpsbeutler. »Paß auf, daß dir keiner auf den Kopf fällt, Herzchen!« Die Jüngere nahm den Scherz erstaunlich sanftmütig auf. Ihre Lachlust hatte sich gelegt, dafür fand sie es schwer, ihrem Schwager ins Gesicht zu sehen. Sie fuhren über die grasigen Hügel zum Tal hinaus. Liam spielte den Fremdenführer: »Vielleicht sehen wir unterwegs ein Wallaby. Sie flitzen gern mal über die Straße. Es gibt auch Leierschwänze im Busch, aber sie sind selten geworden.« Miss Miles dachte sich Mr. Franklin mit einem Leierschwanz und lächelte zustimmend.

Was sie schließlich sahen, war eine Känguruh-Sippe, die um ein Wasserloch graste. Miss Miles schaffte es vor Aufregung kaum, den Feldstecher scharf zu stellen. »Was für eigenartige Tiere!« rief sie, »wie unverhältnismäßig, dieses birnenförmige Hinterteil gegen die mageren Schultern! Und doch, welche Anmut im Sprung! Was haben wohl die ersten Weißen gedacht, als sie dieses Geschöpf sahen?« Sie reichte Liam das Glas. »Eine Riesenmaus?« schlug er vor. »Eine verzauberte Küchenangestellte!« widersprach Miss Miles. »Schau sie dir an, wenn sie sich aufrichten, sehen sie aus, als wollten sie mit den Armen eine Schürze festhalten.« Sie lachten, und danach fand Miss Miles es leichter, ihm in die Augen zu sehen. Sie würde sich nicht zur Närrin machen.

Um die Mittagszeit steuerte Liam den Landrover auf einen großen Parkplatz im Busch. Miss Miles war nicht schlecht enttäuscht, daß dort schon vier andere Wagen und ein Wohnmobil standen. Hier sollte es sein? In einem Reservat? Sie hatte sich die Begegnung mit ihrem ersten Koala etwas exklusiver gedacht. Liam packte den Picknickkorb aus, aber Miss Miles konnte vor Aufregung nur ein Schlückchen Chardonnay zu sich nehmen. Erst als er das Gatter hinter ihr geschlossen hatte, und sie auf einem Pfad durchs Dickicht voranschritt, ließ sie sich in gespannte Ruhe zurücksinken. Schlanke Eukalyptusbäume erhoben sich wie geschält aus dem Unterholz und zwischen bemoosten Steinschultern. »Ein ritueller Versammlungsplatz der Aborigines«, erklärte Liam, »übertragen heißt er ›Wo Knaben zu Männern werden‹.« Miss Miles nahm diese Information schweigend zur Kenntnis, sah im Geiste nackte Jünglinge und alte Männer mit schartigen Faustkeilen und versagte sich eine weitergehende schmerzhafte Phantasie. Sie hatte den Strohhut abgenommen, stolperte mit dem Kopf im Nacken zwischen den Bäumen umher und hielt ihr Fernglas umklammert.

Plötzlich faßte Liam sie an der Schulter. »Da sitzt er.« Durch die Baumkronen blitzte die Sonne. Alles floß in Licht und bewegten Schatten. Miss Miles starrte wild um sich. »Wo, wo?« Er zog sie ein Stück vom Pfad ins Gebüsch, und drehte sie sachte herum. Da saß ein kleiner Koala viele Meter hoch in einer Astgabel und blickte ihr entgegen. Ihr Herz schwoll, und wieder wurden ihre Knie weich. »Du bist bezaubernd!« flüsterte sie. Er saß da, wie eine kleine pelzige Kugel und umarmte den glatten Stamm. Miss Miles sah durchs Okular, daß sich zusammen mit den glitzernden Knopfaugen auch ein Teddyohr auf sie richtete. »Warum läuft er nicht weg?« flüsterte sie, »hat er keine Angst?« »Der nicht«, sagte Liam leise, »der ist ständig bekifft. Von den Eukalyptusblättern.« »Kommt er manchmal runter?« fragte sie sehnsüchtig. Bei dem Gedanken, den warmen kuscheligen kleinen Klops zu kraulen, fühlte Miss Miles wie sich ihr eigenes Fell aufstellte. Liam hatte sich hinuntergebeugt und sprach an ihrem Ohr. »Nicht so lange wir hier herumhängen. Außerdem hat er da oben alles, was er braucht.«

»Alles?« hauchte Miss Miles, »wirklich alles?« Sie trat einen halben Schritt zurück und lehnte sich an ihn. Er schien keineswegs überrascht, schloß sie in die Arme und drehte sie zu sich herum. Miss Miles spürte sofort, daß sich auch bei Mr. Franklin etwas aufgerichtet hatte, und in ihr wollüstiges Lodern mischte sich ein stilles Triumphgeheul. Seine blauen Augen musterten sie lächelnd, fragend, und so hob ihm Miss Miles erwartungsfroh den

Mund entgegen. Er küßte sie lange und unaufdringlich, fast so, als wollte er ihr das Weitere überlassen, während ihre Hände seinen Rücken maßen. Miss Miles wußte, daß sie nun durchaus imstande war und auf der Stelle etwas geschehen mußte, zumal auch er am Ende einer Überlegung angekommen schien. Ein Bein drängte vor, und Miss Miles stieg auf; seine großen Hände hoben sie ein wenig hoch und strichen zärtlich ihr Hinterteil auseinander. Die harten Ballen schabten sanft unter dem Kleid ihre Schenkel hinauf und pflügten umstandslos durch ihre Wäsche. Noch nie war sich Miss Miles so weich vorgekommen. Während er sie zügig aufnestelte und sich herabbeugte, um ihre Brüste aus dem Nest zu heben, spähte sie über seine Schulter. Sie waren allein im Busch, und so ließ sie sich einfach sinken und zog ihn mit sich, nicht der Unbequemlichkeiten der freien Natur achtend. Sie knöpfte ihm das Hemd und die Hose auf, küßte, was sich ihr von dort entgegendrängte, und streichelte mit zarten Fingern das runde flaumige Beuteltier. Wohlgeborgen in seinen Händen öffnete sie sich seiner Zunge, die schnell und sacht zu Werke ging; hinauf, hinauf, bis Miss Miles bebend wieder abwärts zu gleiten begann. Dann spürte sie ihn über sich und in ihr, und während sie ihm die Beine über den Rücken legte, blickte sie hinauf in die Astgabel, wo noch immer der kleine Koala den Baum umarmte.

Marie Luise Kaschnitz
Eisbären

Endlich, dachte sie, als sie hörte, wie sich der Schlüssel im Türschloß drehte. Sie hatte schon geschlafen und war erst von diesem Geräusch aufgewacht; nun wunderte sie sich, daß ihr Mann im Vorplatz kein Licht anmachte, das sie hätte sehen müssen, da die Tür zum Vorplatz halb offenstand. Walther, sagte sie, und fürchtete einige Minuten lang, es sei gar nicht ihr Mann, der die Tür aufgeschlossen hatte, sondern ein Fremder, ein Einbrecher, der jetzt vorhatte, in der Wohnung herumzuschleichen und die Schränke und Schubladen zu durchsuchen. Sie überlegte, ob es wohl besser sei, wenn sie sich schlafend stellte, aber dann könnte ihr Mann heimkommen, während der Einbrecher noch in der Wohnung war, und dieser könnte aus dem Dunkeln auf ihn schießen. Darum beschloß sie, trotz ihrer großen Angst, Licht zu machen und nachzusehen, wer da war. Aber gerade, als sie ihre Hand ausstreckte, um an der Kette der Nachttischlampe zu ziehen, hörte sie die Stimme ihres Mannes, der in der Türe stand.

Mach kein Licht, sagte die Stimme.

Sie ließ ihre Hand sinken und richtete sich ein wenig im Bett auf. Ihr Mann sagte nichts mehr und rührte sich auch nicht, und sie fragte sich, ob er sich vielleicht auf den Stuhl neben der Türe gesetzt hatte, weil er zu erschöpft war, um ins Bett zu gehen.

Wie war es? fragte sie.

Was? fragte ihr Mann.

Alles heute, sagte sie. Die Verhandlung. Das Essen. Die Fahrt.

Davon wollen wir jetzt nicht sprechen, sagte ihr Mann.

Wovon wollen wir sprechen? fragte sie.

Von damals, sagte ihr Mann.

Ich weiß nicht, was du damit meinst, sagte sie. Sie versuchte vergeblich, die Dunkelheit mit ihren Blicken zu durchdringen, und ärgerte sich über ihre Gewohnheit, die Fensterläden ganz fest zu schließen und auch noch die dicken blauen Vorhänge vorzuziehen. Sie hätte gerne gesehen, ob ihr Mann da noch in Hut und Überzieher stand, was bedeuten konnte, daß er die Absicht hatte, noch einmal fortzugehen, oder daß er getrunken hatte und nicht mehr imstande war, einen vernünftigen Entschluß zu fassen.

Ich meine den Zoo, sagte der Mann. Sie hörte seine Stimme immer noch von der Tür her, was – da sie eine altmodische Wohnung und ein hohes großes Schlafzimmer hatten – bedeutete, von weit weg.

Den Zoo, sagte sie erstaunt. Aber dann lächelte sie und legte sich in die Kissen zurück. Im Zoo haben wir uns kennengelernt.

Weißt du auch wo? fragte der Mann.

Ich glaube schon, daß ich es noch weiß, sagte die Frau. Aber ich sehe nicht ein, weshalb du dich nicht ausziehst und ins Bett gehst. Wenn du noch Hunger hast, bringe ich dir etwas zu essen. Ich kann es dir ins Bett bringen, oder wir setzen uns in die Küche und du ißt dort.

Sie schlug die Decke zurück, um aufzustehen, aber obwohl es für ihren Mann genauso dunkel sein mußte wie für sie selbst, schien er doch gesehen zu haben, was sie vorhatte.

Steh nicht auf, sagte er, und mach das Licht nicht an. Ich will nichts essen, und wir können im Dunkeln reden.

Sie wunderte sich über den fremden Klang seiner Stimme und auch darüber, daß er, obwohl er doch sehr müde sein mußte, nichts anderes im Sinne hatte, als von den alten Zeiten zu reden. Sie waren jetzt fünf Jahre lang verheiratet, aber jeder Tag der Gegenwart schien ihr schöner und wichtiger als alle vergangenen Tage. Da ihm aber so viel daran zu liegen schien, daß sie seine Frage beantwortete, streckte sie sich wieder aus und legte ihre Hände hinter ihren Kopf.

Bei den Eisbären, sagte sie. Die Fütterung war gerade vorbei. Die Eisbären waren von ihren Felsen ins Wasser geglitten und hatten nach den Fischen getaucht. Jetzt standen sie wieder auf ihren Felsen, schmutzig weiß, und –

Und was? fragte ihr Mann streng.

Du weißt doch, was die Eisbären machen, sagte sie. Sie bewegen ihren Kopf von der einen Seite zur anderen, unaufhörlich hin und her.

Wie du, sagte ihr Mann.

Wie ich? fragte sie erstaunt und begann für sich im Dunkeln die Bewegung nachzuahmen, die sie soeben beschrieben hatte.

Du hast auf jemanden gewartet, sagte ihr Mann. Ich habe dich beobachtet. Ich kam von den großen Vögeln, die ganz ruhig auf ihren Ästen sitzen und sich dann plötzlich herabstürzen und einmal im Kreis herumfliegen, wobei sie mit ihren Flügelspitzen die Gitter streifen.

Bei den Eisbären, sagte die Frau, gibt es keine Gitter.

Du hast auf jemanden gewartet, sagte ihr Mann. Du hast den Kopf bald nach dieser, bald nach jener Seite gedreht. Der, auf den du gewartet hast, ist aber nicht gekommen.

Die Frau lag jetzt ganz still unter ihrer Decke. Sie hatte das Gefühl, auf der Hut sein zu müssen, und sie war auf der Hut.

Ich habe auf niemanden gewartet, sagte sie.

Als ich dich eine Weile lang beobachtet hatte, sagte ihr Mann, bin ich auf dem Weg weitergegangen und habe mich neben dich gestellt. Ich habe ein paar Späße über die Eisbären gemacht, und auf diese Weise sind wir ins Gespräch gekommen. Wir haben uns auf eine Bank gesetzt und die Flamingos betrachtet, die ihre rosigen Hälse wie

Schlangen bewegten. Es war nicht mehr so heiß, und es war sogar ein Hauch von Spätsommer in der Luft.

Damals habe ich angefangen zu leben, sagte die Frau.

Das glaube ich nicht, sagte ihr Mann.

Zieh dich doch aus, sagte die Frau, oder mach das Licht an. Sitzt du wenigstens auf einem Stuhl?

Ich sitze und stehe, sagte der Mann. Ich liege und fliege. Ich möchte die Wahrheit wissen.

Die Frau fing an, in ihrem warmen Bett vor Kälte zu zittern. Sie fürchtete, daß ihr Mann, der ein fröhlicher und freundlicher Mensch war, den Verstand verloren habe. Zugleich aber erinnerte sie sich auch daran, daß sie an jenem Nachmittag im Zoo wirklich auf einen anderen gewartet hatte, und es erschien ihr nicht ausgeschlossen, daß ihr Mann diesen anderen heute getroffen und von ihm alles mögliche erfahren hatte.

Was für eine Wahrheit? fragte sie, um einen Augenblick Zeit zu gewinnen.

Ich habe dich, sagte ihr Mann, damals nach Hause gebracht. Wir sind noch ein paarmal zusammen spazieren und auch einige Male abends ausgegangen. Jedes Mal habe ich dich gefragt, ob du an jenem Nachmittag im Zoo auf einen anderen Mann gewartet hast und ob du vielleicht immer noch auf ihn wartest und ihn nicht vergessen kannst. Du hast aber jedes Mal den Kopf geschüttelt und nein gesagt.

Das war die Wahrheit, sagte die Frau.

Es mochte sein, daß draußen der Morgen schon anbrach, vielleicht hatten sich ihre Augen auch endlich an die Dunkelheit gewöhnt. Jedenfalls tauchten jetzt ganz schwach die Umrisse des Zimmers vor ihr auf. Sie sah aber ihren Mann nicht, und das beunruhigte sie sehr.

Das war nicht die Wahrheit, sagte der Mann.

Nein, dachte die Frau, er hat recht. Ich bin mit ihm spazierengegangen und abends tanzen gegangen, und jedesmal habe ich mich heimlich umgesehen nach dem Mann, den ich geliebt habe und der mich verlassen hat. Ich habe Walther gern gehabt, aber ich habe ihn nicht aus Liebe geheiratet, sondern weil ich nicht allein bleiben wollte. Sie war plötzlich sehr müde, und es kam ihr in den Sinn, alles das zuzugeben, was sie so lange geleugnet hatte. Vielleicht, wenn sie es zugäbe, würde ihr Mann aus dem Dunkeln herüberkommen und sich zu ihr auf den Bettrand setzen. Sie würde ihm sagen, wie es gewesen war, und wie es jetzt war, daß sie jetzt ihn liebte und daß ihr der andere Mann vollständig gleichgültig geworden war. Sie zweifelte nicht daran, daß es ihr, wenn sie nur ihre Arme um seinen Hals legen konnte, gelingen würde, ihn davon zu überzeugen, daß es so etwas gab, daß eine Liebe erwachen und jeden Tag wachsen kann, während eine andere abstirbt und am Ende nichts ist als ein Kadaver, vor dem es einem graut. Walther, sagte sie, nicht Schatz, nicht Liebling, sie nannte nur seinen Namen, aber sie streckte im Dunkeln ihre Arme nach ihm aus.

Aber ihr Mann kam nicht herüber, um sich zu ihr auf den Bettrand zu setzen. Er blieb, wo er war und wo sie nicht einmal die Umrisse seiner Gestalt wahrnehmen konnte.

Ich war, sagte er, damals noch nicht lange in München. Es war dein Vorschlag, daß ich die Stadt erst einmal richtig kennenlernen sollte. Weil wir noch keinen Wagen hatten, fuhren wir jeden Sonntag mit einem anderen Verkehrsmittel in eine andere Richtung, stiegen an der Endstation aus und gingen spazieren. Immer ist es mir vorgekommen, als ob du auf diesen Spaziergängen jemanden suchtest. Immer hast du deinen Kopf nach rechts und nach links gewendet wie die Eisbären, die die Freiheit suchen, oder etwas, von dem wir nichts wissen, und ich habe dich oft meinen Eisbären genannt.

Ja, sagte die Frau mit erstickter Stimme.

Sie erinnerte sich daran, daß ihr Mann ihr in den ersten Monaten ihrer Ehe diesen Namen gegeben hatte. Sie hatte geglaubt, er täte das in Erinnerung an ihr erstes Zusammentreffen im Zoologischen Garten, oder weil sie so dicke weißblonde Haare hatte, die ihr manchmal wie eine Mähne auf der Schulter hingen. Es war aber, wie sich jetzt herausstellte, kein Kosewort, sondern ein Verdacht.

Später, sagte sie, als wir den Wagen hatten, sind wir am Sonntag ins Freie gefahren. Wir sind durch den Wald gelaufen und haben auf einer Wiese in der Sonne gelegen und geschlafen, du mit deinem Kopf auf meiner Brust. Wenn wir aufgewacht sind, waren wir ganz benommen von der Sonne und dem starken Wind. Es ist uns schwergefallen, die richtige Richtung einzuschlagen, und einmal haben wir viele Stunden gebraucht, um den Wagen wiederzufinden. Weißt du das noch? fragte sie.

Aber ihr Mann ging auf diese Erinnerung nicht ein.

Wir sind ihm einmal begegnet, sagte er.

Ach, hör doch auf, sagte die Frau plötzlich ärgerlich. Geh etwas essen oder laß mich Licht anzünden und aufstehen und dir etwas zu essen bringen. Es ist noch ein halbes Hähnchen im Kühlschrank und Bier. Aber während sie das sagte, wußte sie schon, daß ihr Mann auf ihren Vorschlag nicht eingehen würde. Sie überlegte, womit sie ihn von seinen Gedanken abbringen könnte, und es fiel ihr nichts ein.

Du hast morgen einen schlimmen Tag, sagte sie schließlich, du mußt bis zum Abend die Abrechnungen fertig haben, und wenn du nicht ausgeschlafen bist, wird dir alles noch schwerer fallen.

Wir sind ihm einmal begegnet, sagte ihr Mann wieder.

Die Frau krallte ihre Hände in die Bettdecke und wußte nicht, was sie noch sagen sollte. Wenn es nur hell wäre, dachte sie. Ihr Mann hatte ihr zu Weihnachten einen Toilettentisch geschreinert mit einem Kretonnevorhang und einer Glasplatte, und sie hatte ihm einen Lampenschirm gebastelt und diesen mit den Gräsern und Moosen, die sie im Sommer gesammelt und gepreßt hatten, verziert. Sie war überzeugt davon, daß diese Dinge, wenn man sie nur sehen könnte, ihr beistehen würden, ihren Mann davon zu überzeugen, daß sie ihn liebte und daß auch er selbst seinen alten Argwohn längst vergessen hatte.

Wir sind, sagte ihr Mann zum drittenmal, ihm einmal begegnet, und er sagte es mit seiner Stimme von heute abend, die so eintönig und merkwürdig klang. Wir sind die Ludwigstraße hinuntergegangen auf das Siegestor zu, es war ein schöner Abend, und es war eine Menge Leute unterwegs. Du hast niemanden besonders angeschaut, es ist auch niemand stehengeblieben, und es hat dich auch niemand gegrüßt. Ich hatte aber meinen Arm in den deinen gelegt, und plötzlich habe ich gemerkt, daß du angefangen hast, am ganzen Körper zu zittern. Dein Herz hat aufgehört zu schlagen, und das Blut ist aus deinen Wangen gewichen. Erinnerst du dich daran?

Ja, ja, wollte die Frau rufen, ich erinnere mich gut. Es war das erste Mal, daß ich meinen ehemaligen Liebhaber wiedergesehen habe, und es war auch das letzte Mal. Mein Herz hat wirklich aufgehört zu schlagen, aber dann hat es wieder angefangen und so, als wäre es ein ganz anderes Herz. Während das schöne, kalte Gesicht meines ehemaligen Liebhabers in der Menge verschwunden ist, hat es sich in Nichts aufgelöst, und ich habe mich später an seine Züge nie mehr erinnern können.

Das alles wollte die Frau ihrem Mann sagen und ihn auch daran erinnern, daß sie sich damals auf der Straße an ihn gedrängt hatte und versucht hatte, ihn zu küssen. Sie zweifelte aber plötzlich daran, daß ihr Mann ihr glauben würde. Sie hatte das Gefühl, als stände hinter seinen Worten eine Unruhe, die sie nicht würde stillen, und eine Angst, die sie ihm nicht würde ausreden können, jedenfalls nicht in dieser Nacht.

Ich erinnere mich an unseren Spaziergang, sagte sie und versuchte ihrer Stimme einen gleichgültigen Klang zu geben. Ich habe keinen Bekannten gesehen. Ich habe so etwas wie einen Schüttelfrost gehabt, eine kleine Erkältung, und am Abend habe ich auch Fieber bekommen.

Ist das wahr? fragte der Mann.

Ja, antwortete die Frau.

Sie war traurig, daß sie nicht die Wahrheit sagen durfte, die doch viel schöner war als alles, was ihr Mann von ihr hören wollte. Sie war jetzt sehr müde und hätte gerne geschlafen, aber vor allem lag ihr daran zu wissen, was in ihren Mann gefahren war und warum er kein Licht anzünden und nicht zu Bett gehen wollte.

Dann ist also auch das andere wahr, sagte der Mann, mit einem Schimmer von Hoffnung in der Stimme.

Was? fragte die Frau.

Das vom Zoo, sagte der Mann. Daß du auf keinen anderen gewartet hast.

Ich habe auf dich gewartet, sagte die Frau. Ich habe dich nicht gekannt, aber man kann auch auf jemanden warten, den man noch nie gesehen hat.

Du hast mich, sagte der Mann, also nicht genommen, weil du von einem andern Mann im Stich gelassen worden bist. Du hast mich geliebt.

Noch einmal dachte die Frau, wie schmählich es von ihr war, daß sie hier lag und ihren Mann anlog, und noch einmal richtete sie sich auf und wollte die Wahrheit sagen. Es kam aber von der Tür her ein merkwürdiges Geräusch, das wie ein tiefes, verzweifeltes Stöhnen klang. Er ist krank, dachte sie erschrocken, und legte sich wieder in die Kissen zurück und sagte laut und deutlich: Ja.

Dann ist es gut, sagte der Mann. Er flüsterte jetzt nur noch. Vielleicht hatte er auch die Schlafzimmertür von außen zugezogen und war im Begriff, die Wohnung wieder zu verlassen. Die Frau sprang aus dem Bett, sie riß an der Kette der Nachttischlampe, und gerade, als habe sie damit eine Klingel in Bewegung gesetzt, begann es vom Flur her laut und heftig zu schellen. Das Zimmer war hell und leer, und als die Frau auf den Vorplatz lief, sah sie ihren Mann auch dort draußen nicht.

Obwohl das Haus, in dem die jungen Eheleute wohnten, ein altmodisches Haus war, gab es seit kurzem in allen Wohnungen Drücker, mit deren

Hilfe man die Haustüre öffnen konnte. Walther, sagte die Frau unglücklich. Sie drückte auf den Knopf und öffnete zugleich schon die Wohnungstür und horchte hinaus. Sie wohnten fünf Stockwerke hoch, und fünf Stockwerke lang hörte sie die schweren Schritte, die die Treppe heraufkamen und die, wie sich herausstellte, die Schritte von Polizeibeamten waren. Ihr Mann, sagten die Männer, als sie der Frau auf dem Treppenabsatz gegenüberstanden, sei bei der Ausfahrt von der Autobahn mit einem anderen Wagen zusammengestoßen und schwer verletzt worden. Und als sie das gesagt und eine Weile in das erstaunte Gesicht der Frau geschaut hatten, fügten sie hinzu, daß der Verunglückte sich jetzt auf dem Weg ins Krankenhaus befände, daß aber die Sanitäter, die ihn in den Wagen getragen hätten, der Ansicht gewesen seien, daß er den Transport nicht überleben würde.

Das kann nicht sein, sagte die Frau ganz ruhig, es muß sich um eine Verwechslung handeln. Ich habe mit meinem Mann noch eben gesprochen, er ist in der Wohnung, er ist bei mir. Hier, fragten die Männer überrascht, wo denn? und gingen in die Küche und gingen ins Wohnzimmer und drehten überall die Lampen an. Da sie niemanden fanden, redeten sie der Frau gut zu, sich anzuziehen und sie ins Krankenhaus zu begleiten, und die Frau zog sich auch an, bürstete ihre langen weißblonden Haare und ging mit den Polizisten die Treppe hinunter. Auf der Fahrt saß die Frau zwischen den Männern, die versuchten, freundlich zu sein, und deren schwere Wollmäntel nach Regen rochen. Sie hatte ihren Spaß daran, daß der Fahrer das Martinshorn gellen ließ und alle roten Lichter überfuhr. Schneller, sagte sie, schneller, und die Polizisten glaubten, daß sie Angst habe, ihren Mann nicht mehr am Leben zu finden. Aber sie wußte gar nicht, warum sie in dem Wagen saß und wohin es ging. Die Worte ›schneller, schneller‹ sagte sie ganz mechanisch, und ganz mechanisch drehte sie ihren Kopf von links nach rechts und von rechts nach links, wie es die Eisbären tun.

Günter Bruno Fuchs
Ein Bär geht zum Bahnhof

dem Zeichner e. o. plauen (1903–1944)

Das sollte man nicht sagen: Dieser Mensch schläft wie ein Bär! oder: Dieser Mensch ist schwerfällig wie ein Bär! Betrachten wir uns den Bären heute nachmittag um drei Uhr, da geht er, in jeder Tatze einen Koffer, sehr flink zum Bahnhof. Angekommen am Fahrkartenschalter, stellt er beide Koffer auf den Boden der Bahnhofshalle. In seiner rechten Tatze hält er einen Fünfmarkschein, den er durch die kleine, halbrunde Öffnung im Fenster des Fahrkartenschalters dem Fahrkartenverkäufer hinhält. Der Bär sagt deutlich: »Ich möchte nach Kletterbaum, Sie wissen ja, hier gibt es nur Sträucher!«

Der Fahrkartenverkäufer nickt. Er gibt dem Bären die Fahrkarte, er legt sie auf die Innenseite der rechten Bärentatze, der Bär hält die Fahrkarte mit den Krallen seiner rechten Tatze fest. In seine linke Tatze nimmt er die beiden Koffer, geht aufrecht zur Sperre, läßt die Fahrkarte lochen. Der Mann, der die Karte locht, brummt ein bißchen. Der Bär brummt nicht, er sagt sich: Es genügt, wenn einer. Er schweigt also, geht über den Bahnsteig zum Zug, besteigt ihn, legt einen Koffer ins Gepäcknetz, den anderen auf einen Sitz und öffnet ihn. Dieser Koffer ist voller Zigarren. Der Bär nimmt eine dunkle Zigarre, zündet sie an, raucht Kringel. Die Lokomotive raucht helle und schmutzige Wolken. Plötzlich, während der Fahrt, muß der Bär zur Toilette. Weil die Toilettentür innen abgeschlossen ist, wartet der Bär. Nach einem Weilchen brummt er. Die Tür wird geöffnet, ein Mann verläßt die Toilette. Der Bär kuckt in den Toilettenspiegel. Er macht eine Verbeugung, dann das andere.

Reinhard Kaiser

In Gegenwart alter Bären

Büßten die Bilder ihre Macht über die Menschen nun ein oder nicht? Nicht, daß mich diese Frage besonders interessiert hätte. Aber sie plagte mich, denn es war Nils, der sie stellte, der glatzköpfige Nils, dessen Überzeugungskraft mit der Menge der Worte, die er machte, keineswegs zunahm. Dabei malte er gut und hatte es gar nicht nötig, einen Mangel an Kunstfertigkeit durch hochfahrende Theorien auszugleichen.

Ich studierte seit zwei Jahren an der Akademie und glaubte zu wissen, was ich wollte. Doch plötzlich befielen mich Mutlosigkeit, Zweifel, Befangenheit. Wozu, dachte ich, die Farben der Morgenröte mischen und die Flut der Bilder anschwellen lassen, wenn ihr Gewimmel jedem einzelnen von ihnen seine Kraft raubte, wie es Nils behauptete? (Und nicht nur er.)

An dem Abend, als der »Rundgang« in den Räumen der Akademie eröffnet wurde, hielt ich mich lange in der Nähe meiner eigenen Bilder auf. Ich wollte mir durch verstohlene Beobachtung des Publikums beweisen, daß eine starke Wirkung von ihnen ausging. Aber ich hatte für meine beiden großen Aquarelle aus der Eos-Serie keinen guten

Platz gefunden. Selten verirrte sich ein Besucher bis an das Ende des Ganges im ersten Stock, und keiner von ihnen hatte meinen Bildern bisher mehr als einen Blick geschenkt. Nur ein paar Studienkollegen sahen genauer hin. Doch auch sie sagten nichts. Außerdem brachten sie Nils mit, und Nils blieb. Er leistete mir Gesellschaft. Während es im Erdgeschoß zwischen den Werken der Kunst und ihren Freunden immer enger und lauter wurde, nutzte er die Ruhe im Obergeschoß und vertrat Thesen. Seit einiger Zeit versuchte er mit allen Mitteln, meine Aufmerksamkeit zu gewinnen. »Du brauchst dich nur umzusehen, Marie«, sagte er und deutete mit seiner weißen Hand den Gang entlang, »es herrscht Ohnmacht, die universale Ohnmacht – und nicht nur hier!«

Aber wäre Nils nicht gewesen, ich hätte Sprickmann wahrscheinlich nie kennengelernt. Ich hatte ihn nicht kommen sehen. Er stand plötzlich da, auf den Zehenspitzen wippend, und betrachtete meine Bilder. Eine tropische Erscheinung – die beiden oberen Knöpfe seines Hemdes offen, die Hände in den Hosentaschen eines hellen Anzugs. Er beugte sich nach vorn, kniff die Augen zusammen und studierte die Schildchen neben den beiden Bildern an der Wand. Dunkles Gekräusel trat aus seinem Hemdausschnitt hervor, dem Kinn und dem Vollbart entgegen.

Nils kannte Sprickmann – woher, das wußte ich nicht. Er stellte mich ihm vor. Sprickmann zückte seine rechte Hand wie eine Pistole und nannte mir seinen Namen. Aber ich verstand ihn nicht – nicht in diesem Augenblick. Dafür hielt ich seine Hand ein paar Sekunden länger, als es bei der Begrüßung eines Fremden üblich ist. Zuletzt hielt ich sie sogar mit beiden Händen und suchte vergeblich nach Worten, mit denen ich ihn dazu bringen konnte, seinen Namen zu wiederholen. Immerhin war er an diesem Abend der erste Fremde, der sich für meine Bilder interessierte, und würde womöglich der einzige bleiben. Er nickte mir zu: »Gut! Sehr – gut!« Mehr sagte er nicht. Mehr konnte er auch nicht sagen, denn schon erkundigte sich Nils mit demonstrativem Eifer nach seinen Bären. Sprickmann ließ sich durch den Spott in Nils' Stimme nicht beirren.

»Tja, die Bären«, sagte er, und seine kleinen, schwarzen Augen funkelten. »In drei Tagen fliege ich nach Amerika. In Baltimore werden zwei der legendären Bären versteigert, die im Jahre 1903 die Hochzeitstafel von Theodore Roosevelts Tochter schmückten. Verstehen Sie? Nicht einfach Bären dieses Typs – die findet man hin und wieder auch in Deutschland, Steiff-Bären der ersten Generation –, sondern zwei Exemplare, die wirklich dabei waren, als der Teddy seinen Namen bekam. Vielleicht habe ich ja diesmal Glück.«

»Haben Sie es denn schon einmal probiert?« fragte Nils.

»Schon zweimal«, erwiderte Sprickmann.

Ich mußte lachen und sagte zu ihm, er wolle uns wohl einen ganz besonders großen Bären aufbinden.

»Aber mitnichten, meine Liebe! Ich bin Sammler und zum Glück nicht ganz mittellos. Also sammele ich nicht nur Bilder, sondern auch Bären, Bären sogar in erster Linie – um genau zu sein: Bären *bis* 1950 und Bilder *ab* 1950. Für einen alten Bären würde ich jeden frühen Beuys hergeben – obwohl ich Beuys sehr schätze, und gerade die frühen Zeichnungen! … Aber was rede ich? Ich will mich umsehen. Die Kunst lockt! Wo ist er, der Beuys der neunziger Jahre?«

Er klopfte Nils auf die Schulter.

»Lockt *Sie* die Kunst?« fragte er mich und hielt mir noch einmal seine Hand hin. Ich nahm sie. Die Haargewölle auf seinen kurzen, kräftigen Fingern waren wie aus feinem, federndem Draht.

»Viel Glück in Baltimore«, sagte ich.

»Das kann ich brauchen. Der dunkle Ruf der Bären von jenseits des Atlantik übertönt die schwachen Schreie der Kunst. Trotzdem viel Erfolg – auch Ihnen, Eos! Adieu!«

»Was für ein Schwätzer!« meinte Nils, als Sprickmann gegangen war, und fuhr fort, mir seine These von der Ohnmacht der Bilder darzulegen. Er dehnte sie auf die »Gebilde« aus, auf die Skulpturen, die bei diesem Rundgang ebenfalls in großer Zahl ausgestellt waren. »Bilder und Gebilde«, so behauptete Nils, »sind von der gleichen resignativen Kraftlosigkeit angefressen – *anders als die Teddybären,* würde Sprickmann jetzt sagen! Du müßtest ihn hören, wenn er seine Theorien vertritt!«

Diesmal verstand ich den Namen und merkte ihn mir.

Als Nils endlich von mir abließ, um nach seinen eigenen *Tafeln* zu sehen (er hatte keineswegs darauf verzichtet, sich mit einer stattlichen Zahl von Arbeiten an der Ausstellung zu beteiligen), begann ich durch die Säle und Flure zu wandern. Sprickmann konnte ich nirgendwo entdecken. Das Sekretariat diente nicht als Ausstellungsraum. Dennoch war es unverschlossen. Auf einem der beiden Schreibtische lag ein Düsseldorfer Telefonbuch. Sprickmanns Name fehlte darin.

In dieser Nacht fand ich wenig Schlaf. Immer wieder streckte mir Sprickmann seine dunkle Hand entgegen, neigte den Kopf ein wenig nach vorn und nannte seinen Namen, den ich jedesmal nicht verstand. Auf den Namen kam es auch gar nicht an, solange ich seine vorschnellende Hand spürte. Ich begriff plötzlich, daß die federnden Gewölle auf seinen Fingern nur die Ausläufer eines zusammenhängenden Haarkleides waren, das, von den Fußknöcheln aufwärts, seinen ganzen Leib bedeckte, nicht überall gleich dicht und gleich dunkel, aber zusammenhängend. Ich sah dieses Haarkleid nicht. Auch im Traum war es unter dem hellen Anzug verborgen und trat, außer an den Fingern, nur im spitzen Ausschnitt des Hemdes und natürlich am Kopf zutage. Sprickmann, oh, Sprickmann, dachte ich, und atmete tief: Wenn ich bloß Björn noch hätte! Björn Björnsson, den Familienbär in der zweiten Generation. Den großen, alten Björn mit den vielen kahlen Stellen und den hübschen Kleidern, die ich ihm früher im Handarbeitsunterricht genäht hatte. Er hätte mir den Weg zu Sprickmann gebahnt.

Aber Björn gab es nicht mehr. Bei meinem ersten Umzug in Deutschland hatte ich ihn vergessen. Ich hatte ihn in dem dunklen Kleiderschrank meines möblierten Zimmers in Gerresheim sitzenlassen und war auf die andere Seite des Rheins, nach Oberkassel gezogen, in eine Dachwohnung. Schon in Schweden hatte das Schattendasein begonnen, das Björn seit einigen Jahren in Schränken und Truhen und hinter den Vorhängen von Regalen führte, deshalb dauerte es ein paar Wochen, bis mir auffiel, daß er nicht da war. Ich fuhr nach Gerresheim, um ihn heimzuholen. Die Vermieterin begrüßte mich freundlich. Nur einmal, gleich nachdem ich bei ihr eingezogen war, hatte es einen kleinen Streit zwischen uns gegeben. Sie wollte mir Besuch auf meinem Zimmer von vornherein und grundsätzlich verbieten, worauf ich ihr sagte, dazu habe sie kein Recht. Doch damals war ich noch neu in der Stadt, im ersten Semester an der Akademie, und kannte niemanden, den ich zu mir hätte einladen können. Deshalb blieb der Streit in der Schwebe, und ich kam, solange ich in Gerresheim wohnte, mit meiner Vermieterin immer gut aus. Doch als ich sie an diesem Samstagvormittag nach Björn fragte, wurde sie sonderbar unwirsch, so als wäre Björn von Anfang an ein unzulässiger Gast gewesen, den sie nie und nimmer geduldet haben würde, wenn sie von ihm gewußt hätte. Das Zimmer sei jetzt an einen *sehr* ordentlichen Herrn vermietet, sagte sie zu mir, und: »Der Bär, von dem Sie da reden, ist nicht aufgetaucht.« Ob sie ihn ihrer kleinen Tochter zum Spielen gegeben hatte? Ob sie ihn weggeworfen hatte? oder der ordentliche Herr? Ich machte ihr keine Szene. Ich brach auch nicht in Tränen aus. Ich war älter geworden, und Björn war dahin, unwiederbringlich. Bei der Annäherung an Sprickmann konnte er mir keinen Beistand leisten.

Am nächsten Morgen rief ich Nils an und fragte ihn, ob Sprickmann denn überhaupt in Düsseldorf wohne. Im Telefonbuch stehe er nicht.

»Warum willst du das wissen?« wollte Nils wissen.

»Ich möchte mich bei ihm bedanken.«

»Bedanken? Dafür, daß er uns gestern abend stehengelassen hat?«

»Nun sag schon, wo wohnt er?«

Sprickmann wohnte in Neuss, und nach einigem Hin und Her mit der Auskunft wegen eines zweiten Sprickmann, der ebenfalls in Neuss wohnte, hatte ich ihn endlich am Telefon. Ich dankte ihm für das Interesse, das er meinen Bildern entgegengebracht habe. Ich klagte darüber, wie selten man heute auf wirkliches Verständnis stoße, und ich fügte hinzu, so sei es wohl zu allen Zeiten gewesen. Ich sagte das, was ich mir zurechtgelegt hatte, und merkte bald, daß ich ins Leere sprach. Hatte er mich am Abend zuvor wirklich stehengelassen? Jetzt jedenfalls fiel es ihm schwer, sich an mich und meine Bilder zu erinnern.

»Ich male in den Farben der Morgenröte«, erklärte ich ihm. »Blaßblau, Blaugrau, Rosa, Gelb, Orange, wissen Sie noch?«

»Diese naiven – ich meine, diese *raffiniert* naiven, kleinen Landschaften, an der Wand unten, neben dem Buffet, nicht wahr?«

»Nein, nicht naiv und nicht klein. Große Formate, fließende Gestalten. Im Flur des ersten Stocks. Es hingen nur zwei da.«

»Es hingen so viele Bilder da. Zu viele, wenn Sie mich fragen … Sie trugen ein gelbes Kleid, nicht wahr? Ja, ich erinnere mich – grellgelb. Und sie hießen … Irene, stimmt's?«

»Gelb stimmt. Irene nicht. Ich heiße Marie – Marie Magnusson.«

»Aurora!«

Ich war erleichtert. »Ja, Eos römisch drei und römisch vier. Ich würde Ihnen … wenn Sie mögen, gern mehr von mir zeigen … mehr *Bilder*, meine ich.«

»Noch mehr Bilder? – Wozu?«

»Nur so – ich dachte, es würde sie interessieren. Sie sind doch Sammler.«

»Ein Sammler mit *sehr* kleinem Budget.«

»Und mit großem Gespür.«

»Nett, wie Sie das sagen … aber … nein, es tut mir leid. Im Moment geht es wirklich nicht.«

»Schade«, sagte ich.

»Vielleicht im nächsten Jahr. Ich sehe mir den Rundgang in jedem Semester an. Also, bis …«

»Warten Sie! Legen Sie nicht auf – bitte!« Ich holte tief Luft. »Diese beiden Bilder aus der Eos-Serie, die Ihnen so gut gefielen – es gibt davon noch mehr, bessere!«

»Warum haben Sie sie dann nicht ausgestellt?«

»Sie hängen bei mir zu Hause. Ich würde sie Ihnen gern zeigen.«

Es enstand eine Pause.

»Bei Ihnen zu Hause?«

»Ja … und einen Kaffee hätte ich auch anzubieten.«

Es entstand eine zweite Pause, länger und stiller als die erste.

»Sind Sie noch da?« fragte ich schließlich.

»Nein«, erwiderte er. »Das heißt, doch, ja, natürlich bin ich noch da. Aber nicht mehr lange … Nein … ich glaube nicht, daß es viel Sinn hätte, zu Ihnen zu kommen. Sie sind sehr freundlich, Marie – ich darf Sie doch Marie nennen? –, aber die Zeit, verstehen Sie, die Zeit ist wirklich knapp, meine in jedem Fall. Und Ihre, wenn Sie es sich recht überlegen, auch. Übermorgen fliege ich nach Amerika.«

»Davon haben Sie gesprochen, gestern abend …«

»Dann wissen Sie ja Bescheid. Für mich hängt sehr, sehr viel von dieser Auktion ab. Und es gibt noch so viel vorzubereiten. Leben Sie wohl. Vielleicht ein andermal.«

»Aber Bären«, sagte ich und hoffte, daß ihm der schrille, verzweifelte Ton in meiner Stimme nicht auffiel, »Bären gibt es doch nicht nur in Baltimore. Sogar bei mir gibt es einen zu sehen!«

»Bären«, entgegnete Sprickmann sanft, »gibt es überall zu sehen, Marie. Bären nach 1950 interessieren mich aber nicht, verstehen Sie?«

»Ich glaube, mein Bär ist alt.«

»Alt? … wirklich alt? … wie alt?«

»Das weiß ich nicht. Das würde ich gern *Sie* fragen.«

»Dazu müßte ich ihn sehen.«

»Eben!«

»Aber ich habe Ihnen doch gesagt …« Er brach ab und überlegte. »Was nun? Was tun – was lassen? Hmhmhmhm … Ein Bär *vor* 1950, sagen Sie?«

»Ganz bestimmt!«

Ein fernes Klingeln drang durch das Telefon bis an mein Ohr.

»Da ist jemand an der Haustür«, sagte Sprickmann. »Ich muß öffnen. Haben Sie noch einen Augenblick Zeit? Ich bin gleich zurück. Legen Sie nicht auf – bitte, nicht auflegen!«

Ich hörte, wie er hastig davonging. Ich hörte, wie er hastig zurückkehrte. Wir verabredeten uns für den nächsten Tag – bei mir.

Der Traum, den ich in der folgenden Nacht träumte, begleitete mich auf sehr angenehme Weise den ganzen Morgen. Ich brauchte nur die Augen zu schließen, und schon lag Sprickmann neben mir und ich neben ihm und kein Bär zwischen uns. Auf einen Ellbogen gestützt, zupfte ich an den Haaren auf seiner Brust. Er hatte die Hände hinter dem Kopf verschränkt. Anfangs zupfte ich so sanft, daß er sich nichts anmerken ließ und weiter die weiße Decke meines Zimmers betrachtete. Dann zupfte ich so, daß es ihn kitzelte und er lachen mußte. Und schließlich so, daß es ihm zuviel wurde und ihn peinigte und er nach meiner Hand griff und nach meinem Körper und nicht mehr losließ, und ich – ich brauchte mich nur noch nach hinten sinken zu lassen.

Wie verabredet, pünktlich um halb vier, stand er vor der Tür meiner Dachwohnung. Sein Schnaufen klang vorwurfsvoll.

»Vor die Bären ... hat der liebe Gott ... die Treppen gesetzt.«

»Dafür ist die Aussicht hier oben auch besonders schön«, sagte ich und klappte eines der in die Dachschräge eingelassenen Fenster auf. »Man sieht von hier aus die Akademie.« Aber Sprickmann wollte nicht zu mir ans Fenster kommen. Er blieb mitten im Zimmer stehen und sah sich um.

»Wie trinken Sie Ihren Kaffee?« fragte ich ihn.

»Schwarz«, erwiderte er.

Als ich mit dem Tablett aus der Küche zurückkam, stand er vor einem der Bilder aus der Eos-Serie und sagte wieder: »Gut. Sehr – gut!« Und als er sich gesetzt hatte und die Papierserviette auf seinem Schoß ausbreitete, fuhr er mit einem Lächeln fort: »Vor Jahren habe ich in Süddeutschland mal einen wirklich hübschen Superlativ gehört – *bärig*.«

Ich nickte mehrmals. »Meine Mutter hat oft *bärig* gesagt. Sie stammt aus Donauwörth. Ein seltsamer Ausdruck.«

»Aber wenn man selbst *nicht* aus der Gegend stammt, kann man ihn kaum anwenden, außer auf Bären. Auf Ihre Bilder paßt er jedenfalls nicht.«

»Wie gefallen sie Ihnen?«

Sprickmann hatte gerade den ersten Bissen von dem Pflaumenkuchen genommen, den ich gekauft hatte. Statt zu antworten, nickte er nur heftig mit vollem Mund und murmelte dann, immer noch kauend: »Hmhmhm. Gut – sehr gut.« Auch diesmal wurde er nicht ausführlicher, sondern schob sich einen zweiten Bissen in den Mund, und mir fiel ein, daß er mit seinem Lob diesmal womöglich gar nicht meine Bilder gemeint hatte, sondern den Kuchen. Doch als ich ihm das zweite Stück anbot, das für ihn bereit stand, formte er blitzschnell ein kleines Dach aus seinen Händen und bedeckte damit seinen Teller. »Danke, nein«, sagte er und fast im selben Atemzug: »Wo ist er?«

»Hier.«

Ich stand auf und ging zum Bücherregal hinüber, wo ich ein Photo bereitgelegt hatte. Ich zeigte es Sprickmann, und während er es betrachtete, blieb ich neben ihm stehen. Ich legte eine Hand auf die Rückenlehne seines Stuhls und beugte mich über seine Schulter.

»Der da«, sagte ich, »das ist Björn. Das bin ich. Und das ist mein Vater.«

Es war die einzige Aufnahme von Björn, die ich besaß. Mein Vater trug mich und ich Björn auf dem Arm. Meine Mutter hatte uns drei unter dem Wildkirschenbaum im Garten unseres Sommerhauses bei Västervik photographiert. Ich war ungefähr fünf Jahre alt. Mein Bruder war noch nicht geboren. Und meine Eltern vertrugen sich noch. Am Morgen hatte ich lange nach dem Bild gesucht, und ich war froh gewesen, als ich es endlich gefunden hatte. Aber jetzt, als ich es zusammen mit Sprickmann betrachtete, machte es mich traurig. Ich sah meinen Vater, wie er lachend meiner Mutter etwas zurief. Ich sah diesen Kirschbaum mit den kleinen dunklen Früchten daran und den vielen ausgespuckten Kernen auf dem Boden darunter. Ich sah sogar meine Mutter, obwohl sie gar nicht auf dem Bild war. Ich sah, wie sie mit der Kamera kämpfte und ganz verkrampft und verrenkt dastand, um nur ja nicht zu wackeln. So war es immer gewesen, wenn mein Vater sagte: Nimm *du* doch mal den Apparat! Sonst komme ich nie aufs Bild. Jetzt lebte mein Vater mit einer anderen Frau in Stockholm. Meine Mutter war in ihre Heimatstadt zurückgekehrt, wo ich sie viel zu selten besuchte. Und Björn – Björn war verschwunden.

»Deutschland, um 1930«, sagte Sprickmann, nachdem er noch einmal einen Blick aus nächster Nähe auf das Photo geworfen hatte. »Sie haben recht. Ein alter Bär!«

»Und ein altes Bild!«

Er sah sich zu mir um und bemerkte, wie nah mein Gesicht dem seinen war. Sogleich rückte er auf seinem Stuhl etwas zur Seite.

»1930 könnte stimmen«, sagte ich. »Meine Mutter hat ihn als Kind bekommen. Später hat sie ihn mir geschenkt.«

»Dieser Bär ist heute ein kleines Vermögen wert.«

»Er ist aber sehr mitgenommen, wissen Sie. Meine Mutter hat ihn lange gehabt, und ich auch.«

»Das ist die Patina der Zuneigung. Die gehört dazu. Postfrisch sind alte Bären nie, und Spiegelglanz gibt es auf unserem Sammelgebiet auch nicht. Dafür brauchen wir etwas mehr Mottenpulver.«

»Außerdem hat er zwei große Narben.«

»Haben Sie ihn mit einer Schere traktiert?«

»Nein. Als ich sechs war, ist ihm ein Unglück zugestoßen.«

»Was für ein Unglück?«

»Er ist aus einem fahrenden Zug gefallen. Ich wollte ihm die Landschaft von Schonen zeigen. Wir waren sehr ausgelassen und lehnten uns zu weit in den Fahrtwind hinaus. Da passierte es. Er fiel und verschwand sofort im Gestrüpp des Bahndamms. Ich schrie. Mein Vater kam. Er zog die Notbremse nicht, obwohl ich ihn anflehte, es zu tun.«

»Aber es gibt ihn doch noch? – ich meine, diesen Bär?« fragte Sprickmann nervös.

Einen Moment lang zögerte ich, bevor ich sagte:

»Oh, ja. Nur keine Bange! Aber beinahe – beinahe hätte ich ihn damals für immer verloren. Ich heulte und jammerte und wollte ihm nachspringen. Mein Vater verstand, daß es mir ernst war. Er versprach mir, nach Björn zu suchen und nicht ohne ihn zurückzukommen. Er hat sein Versprechen gehalten. Er merkte sich den Namen der nächsten Station, durch die unser Zug fuhr, und zwei Tage später wanderte er von dort an der Eisenbahnstrecke entlang zurück, bis er Björn gefunden hatte.«

Sprickmann atmete auf.

»Mein Vater kam gerade noch rechtzeitig«, fuhr ich fort. »Mit knapper Not konnte er Björn einem jungen Braunbären entreißen, der ihn davonschleppen wollte. Damals drangen die Bären, junge und alte, gelegentlich noch aus den hohen Bergen bis tief ins Flachland vor, wissen Sie.«

»Was Sie nicht sagen!« Sprickmann machte ein

ungläubiges Gesicht und studierte noch einmal das Photo.

»Nein«, erklärte ich ihm, »die Spuren der Tatzen des wirklichen Bären werden Sie auf diesem Bild nicht finden. Es ist vor dem Unglück aufgenommen. Aus zwei tiefen Rissen quoll die Holzwolle. Es sah grauenhaft aus, bis meine Mutter alles mit Nadel und Faden zunähte. Seither ist er *sehr* scheu.«

»Verständlich«, sagte Sprickmann und lachte.

»Sie lachen«, erwiderte ich. »Aber wenn Sie sich mit Bären auskennen, dann wissen Sie auch, daß ihre Scheu unseren Respekt verdient.«

»Selbstverständlich«, sagte Sprickmann. »Gerade in vorgerücktem Alter können sie ziemlich kompliziert werden. Und ob man sie am Ende zu fassen bekommt, hängt oft von den seltsamsten Unwägbarkeiten ab. Bei einer solchen Auktion zum Beispiel wie übermorgen in Baltimore kommt es nicht bloß darauf an, daß man das nötige Kleingeld in der Tasche hat. Die Bären wollen nicht immer, wie wir wollen, nicht wahr?«

»Ja. Björn ist auch so ein Fall. Er sitzt in seinem Kleiderschrank und will sich nicht stören lassen.«

»Oh, das kenne ich!« sagte Sprickmann. »Ich *weiß*, wovon Sie sprechen. Alte Bären sind wie Götter – unnahbar.«

»*Unnahbar* ist das richtige Wort«, sagte ich.

»Marie, Sie machen mich wirklich neugierig«, erwiderte Sprickmann und sah sich im Zimmer um. Und dann noch einmal. Mit besorgter Miene.

»Aber Sie haben ja gar keinen Kleiderschrank.«

»Er steht nebenan, im Schlafzimmer.«

»Natürlich! Das hätte ich mir denken können!« Sprickmann war erleichtert.

»Möchten Sie noch eine Tasse Kaffee?«

»Eine halbe.«

»Der Schrank ist sein Tempel. Dort thront er und will unsichtbar bleiben.«

»Tja, wie die Götter so sind! Wissen Sie, Marie, ich habe mir da eine Theorie zurechtgelegt, und je länger ich mich mit den Bären beschäftige, desto einleuchtender erscheint sie mir. Die Kraft und die Herrlichkeit, die früher bei den Göttern war und später bei den Künsten ... ist heute auf die Bären übergegangen, jedenfalls zu einem erheblichen Teil. Daher ihr Zauber und ihr Geheimnis.«

Ich nickte heftig: »Daher auch ihr Eigensinn!«

»Wie meinen Sie das?«

»Sie haben es eben selbst gesagt. Die Bären wollen nicht immer, wie wir wollen.«

»Ja ... und?«

Ich schluckte.

»Es tut mir leid, aber irgendwann muß ich es Ihnen ja sagen. Björn ist ein besonders eigensinniger Bär. Er will *Sie* ... auf keinen Fall sehen.«

Sprickmann lachte: »Was sagen Sie da?«

»Ich glaube, er wittert Unheil.«

»Na, *die* Angst werden wir ihm schon nehmen. Kaufen will ich ihn doch gar nicht, nur ansehen und – *schätzen*.«

»Das habe ich ihm auch gesagt.«

»Gesagt?« Sprickmann sah mich mit großen Augen an. *»Ihm?«*

»Ich habe heute morgen Fürsprache für Sie eingelegt, mehrmals sogar. Ich bin nicht durchgedrungen …«

»Fürsprache? … bei einem Teddybär? Aber liebe Marie! Er ist und bleibt ein Stofftier. Das *dürfen* Sie nicht vergessen!«

»Trotzdem!« sagte ich. »Es tut mir so leid für Sie.«

Sprickmann öffnete den Mund, als wollte er etwas sagen. Aber er brachte kein Wort heraus. Er war verstört und in diesem Augenblick besonders liebenswürdig.

»Hoffentlich«, fuhr ich fort und ergriff seine Hände, »sind Sie jetzt nicht böse auf mich. Sie haben den weiten Weg hierher, die vielen Treppen, auf sich genommen, um ihn zu sehen. Ich habe mich so darauf gefreut, *Sie* zu sehen. Und nun hat Björn uns alles verdorben. Darf ich Ihnen wenigstens meine Bilder zeigen? Ich weiß, sie sind ein schwacher Trost … Sie haben mir immer noch nicht gesagt, wie sie Ihnen gefallen.«

Er machte sich von mir los.

»Aber, Marie, das ist doch alles …!« Er stand kopfschüttelnd auf und folgte mir: »Also gut, die Bilder!« Aber schon vor dem dritten, Eos römisch fünf, sagte er: »Hören Sie, Marie. Bitte! Denken Sie jetzt mal für einen Augenblick nicht an Ihre

Malerei! Lassen Sie uns ernsthaft reden. Wir müssen diese Verwirrung – dieses Mißverständnis klären. Ich glaube, ich verstehe, was Sie mir zu sagen versuchen. Sie wollen nicht. Sie wollen ihn mir nicht zeigen. Aus irgendeinem Grund wollen Sie ihn mir nicht zeigen. Warum, weiß ich nicht. Aber ich verstehe es. Ich verstehe es sogar gut. Irgend etwas hindert Sie daran, den Schrank zu öffnen und ihn herauszuholen. Etwas hält Sie davon ab.«

Ich nickte. »Ja, da ist etwas.«

»Wollen Sie mir nicht sagen, was es ist?«

Ich schüttelte den Kopf.

»Vielleicht können wir gemeinsam … mit vereinten Kräften – den Schrank öffnen und nachsehen, ob Ihr Bär tatsächlich so eigensinnig ist, wie Sie glauben.«

»Unmöglich«, sagte ich.

»Was ist schon unmöglich!« Er überlegte: »Es gibt da eine Geschichte, nicht wahr?«

Ich nickte.

»Erzählen Sie sie mir!«

»Ich kann nicht.«

»Sie wäre immerhin eine Entschädigung dafür, daß ich Ihren Bären nun vielleicht doch nicht zu sehen bekomme.«

Ich war, während wir miteinander sprachen, an den Wänden meines Zimmers entlanggeschlendert, und er war mir im Abstand von einem Schritt gefolgt, vorbei an den Bildern, die ich ihm hatte zeigen wollen. Jetzt standen wir vor der Tür zu meinem Schlafzimmer. Ich öffnete sie, so als wollte ich ihm einen kurzen Blick gewähren, ohne ihn hineinzulassen, wie man es tut, wenn man einen Besucher zum erstenmal in der eigenen Wohnung herumführt, der Vollständigkeit oder Aufrichtigkeit halber alle Türen öffnet und dabei an ein Zimmer gerät, das nicht weiter in Betracht kommt, weil die Läden heruntergelassen sind oder weil Unordnung darin herrscht.

An der gegenüberliegenden Wand, neben dem Fenster, stand der Kleiderschrank.

»Ist er das?« fragte Sprickmann und spähte an mir vorbei.

Ich nickte.

»Darf ich?«

»Wenn Sie möchten.«

Ich ließ ihn eintreten und folgte ihm. Ich schloß die Tür hinter uns nicht. Das Geräusch von Klinke und Schloß hätte ihn vielleicht erschreckt.

Er war vor dem Schrank stehengeblieben. Er betrachtete ihn ausgiebig und, wie mir schien, ein wenig mißtrauisch. Ich erschrak, als er plötzlich zwei Schritte vorwärts tat. Aber er trat ans Fenster und sah hinunter, auf die Krone der mächtigen Kastanie, die den Raum zum Nachbarhaus fast ganz ausfüllte.

»Marie«, sagte er, »Sie müssen sich einen Ruck geben!«

Ich lachte leise und nickte.

»Entweder Sie öffnen jetzt diesen Schrank oder Sie erzählen mir Ihre Geschichte, sonst gehe ich!«

»Nein, gehen Sie nicht!« sagte ich schnell. »Bleiben Sie!«

Er verschränkte die Arme vor der Brust, lehnte sich an die Fensterbank und wartete.

»Also gut«, sagte ich. »Ich will es versuchen.«

Ich setzte mich auf mein Bett, schob die gefalteten Hände zwischen meine Knie und überlegte mit gesenktem Kopf.

Dann begann ich zu erzählen.

»Es geschah zu Beginn meines ersten Semesters in Deutschland. Er war nicht der erste Mann, in den ich mich im Handumdrehen heftig verliebte. Aber er war der erste, bei dem ich, kaum daß ich ihn in der Zeichenklasse zum erstenmal erblickt hatte, nur noch ans Bett dachte. Nicht an irgendein Bett. Sondern an mein Bett. An das Bett in meinem möblierten Zimmer in Gerresheim, wo ich damals wohnte. Es dauerte ein paar Tage, bis er begriff, was ich von ihm wollte. Und meine Liebe wuchs mit jedem dieser Tage. Zuletzt war es ein einziger, aufmerksamer Blick, eines Morgens in der Cafeteria der Akademie, mit dem er sich vergewisserte, daß ich wirklich meinte, was ich laut nicht gesagt hatte. Danach erzählte ich ihm von meinem Bett. Aber meine Vermieterin duldete keine Besucher, tagsüber nicht und nachts erst recht nicht, und sie war fast immer zu Hause. Wir mußten einige Tage warten, bis sich eine Gelegenheit ergab, und noch immer wuchs meine Liebe. Eines Nachmittags jedoch hatte meine Vermieterin irgend etwas in der Stadt zu erledigen, eine zeitraubende Besorgung. Ich wußte, wir würden ungestört sein, und lud ihn ein.

Wie ähnlich er und Björn einander waren, fiel mir erst auf, als ich in meinem Zimmer zwischen ihnen stand. Ich erschrak. Björn saß auf einem Regal, das über dem Kopfende meines Bettes an der Wand hing. Er ließ ein Bein baumeln, und es kam mir so vor, als würde er uns ziemlich erstaunt entgegenblicken. Der Mann, nach dessen Umarmung ich mich so sehr sehnte, bemerkte ihn zunächst nicht. Er sah sich nur flüchtig um, wie man es in einem fremden Zimmer tut, das man zum erstenmal betritt. Ich beobachtete ihn, und bald wurde mir ein wenig bange, weil mir immer mehr Ähnlichkeiten zwischen ihm und Björn auffielen. Die dunklen, unergründlichen und dennoch nicht tiefen Augen, der gleichmütige, ein wenig verwunderte Blick, die kräftige Gestalt, die runden Schultern, der breite Kopf, ein leicht aufwärts weisender Zug um die Nase, vor allem aber die pelzige Erscheinung: das dichte schwarze Haar, der Vollbart, die Dickichte auf seinen Fingerknöcheln und seinen Unterarmen und nicht zuletzt die kleinen Büschel, die aus seinen Ohren und Nasenlöchern hervorlugten. Aber die Ähnlichkeit ging noch weiter. Er trug einen kleinen Ring aus goldenem Draht im Ohr. Wie Björn seinen Knopf. Und er hieß Urs. Ich weiß, das klingt unwahrscheinlich, und in einem Buch würde mir so etwas gewollt vorkommen. Aber in der Wirklichkeit kommen solche Zufälle vor, und man kann sie sich nicht aussuchen. Er war allerdings kein Schweizer. Er kam aus Westfalen. Aus der Gegend von Münster. Vielleicht hatte er einen Großvater, der Schweizer war. Aber davon weiß ich nichts. Was mich beunruhigte, war der Gedanke, daß es mich womöglich deshalb so heftig nach ihm verlangte, weil er Björn so ähnelte. Doch dann fiel mir ein, daß äußerliche Übereinstimmungen oft Zuneigung erzeugen und daß daran eigentlich nichts Ungewöhnliches ist. Bei Paaren, vor allem bei ganz jungen, kann man das oft beobachten. Nicht wahr? Und bei alten Ehepaaren oder bei Leuten, die jahrelang einträchtig mit einem Hund gelebt haben, gibt es sogar den umgekehrten Effekt: daß Sympathie Ähnlichkeit erzeugt. Ich wollte Urs meine Arme um den Hals schlingen und die Gedanken verscheuchen, die an meiner plötzlichen Befangenheit schuld waren. Doch als ich mich zu ihm umdrehte, blickte ich in ein finsteres Gesicht. Mißmutig, fast wütend starrte Urs zu Björn hinüber, der seinerseits seelenruhig von seinem hohen Sitz auf ihn herabblickte. Ich wußte sofort, was geschehen war. Auch Urs hatte die Ähnlichkeit bemerkt. Bei ihm weckte sie jedoch keine Sympathie, sondern Abneigung, Abneigung auf den ersten Blick. Er sagte aber nichts. Wir fingen an, uns zu küssen und zu umarmen. Wir zogen uns aus. Wir legten uns auf mein Bett und hatten den Bären bald vergessen. Nur einmal schlug ich die Augen auf und sah an Urs' rechtem Ohr, dem unberingten, vorbei. Ich sah, daß sich Björn auf dem Regal über uns ein wenig nach vorn gebeugt hatte und mit undurchdringlicher Miene zu mir herunterblickte. Urs genoß seine Kraft und seine Ausdauer. Unsere Bewegungen wurden ausladender. Von fern kündigte sich das Beben an. Auch die Umgebung geriet in Aufruhr. Die Erschütterungen wurden heftiger, sie drangen bis zu Björn hinauf und versetzten ihn in ein leichtes Schwanken. Ich schloß die Augen. War wieder ganz bei Urs. Und als Björn auf uns stürzte, erschrak ich genauso heftig wie Urs. Ich erholte mich nur etwas schneller von dem Schrecken, denn für mich war das Röhren, das Björn von sich gab, ein vertrautes Geräusch. Ich begriff sofort, daß Björn auf den Rücken von Urs gefallen sein mußte und dort liegengeblieben war. Wenn man Björn aus der Senkrechten in die Horizontale brachte, stieß er immer ein langgezogenes Röhren aus. Es sollte das Brummen sein. Aber es war ein Röhren, ein Röhren, dessen Klang im Laufe der Zeit etwas hohl geworden war. Urs lag schwer auf mir. Die plötzliche Störung hatte ihn mit einem Schlag ermattet. Endlich raffte er sich auf, griff hinter sich und schleuderte Björn quer durch das Zimmer. Mit einem nicht enden wollenden Röhren blieb der Bär vor der Wand gegenüber meinem Bett auf dem Fußboden liegen. Urs sandte ihm einen Fluch nach. Auch ich ärgerte mich über

Björn. Er hatte sich wirklich im ungünstigsten Augenblick auf uns gestürzt. Dennoch war er mir auch in diesem Moment lieb und teuer. Ich konnte es nicht ertragen, ihn dort hilflos auf dem Boden liegen zu sehen. Mir fiel ein, wie er vor vielen Jahren in Schonen aus dem fahrenden Zug gefallen war. Ich mußte Björn in Sicherheit bringen. Ich schlüpfte aus dem Bett und holte ihn zurück.

Ich schob ihn nicht wieder auf das Regal. Mein Bett stand in einer Ecke des Zimmers, und in diese Ecke am Kopfende des Bettes setzte ich Björn, so daß er nun von zwei Mauern gestützt wurde. Solange er saß, war er immer ganz still. Ich schmiegte mich wieder an Urs. Aber dort anzuknüpfen, wo der Bär uns unterbrochen hatte, war nicht möglich. Und von vorn zu beginnen, erwies sich als nicht leicht. Während Urs sich über mich beugte, wanderte sein Blick immer wieder zu Björn hinüber. ›Muß dieses Tier uns unbedingt zusehen?‹ fragte er. Ich erklärte ihm, Björns Augen seien aus Glas. Es überzeugte ihn nicht, und ich hatte tatsächlich nicht die ganze Wahrheit gesagt. Mir machte es nämlich, anders als Urs, nichts aus, wenn Björn neben uns saß. Ich fühlte mich unter seinem glasigen Blick sogar wohl. Für mich lag ein Reiz darin, diesen schweigenden Beobachter in der Nähe zu wissen. Aber bald fing ich an zu bedauern, daß ich ihn zu uns gesetzt hatte. Ich hatte nicht erwartet, daß die Gegenwart eines Bären den Mann in meinem Bett so nachhaltig stören könnte.

Immer häufiger glitten seine Augen zu dem Bären hinüber. Immer seltener erreichte seine Aufmerksamkeit mich. Schließlich schlug ich ihm vor, wir könnten etwas trinken. Doch statt meine Frage zu beantworten, ob er lieber Rotwein oder Sprudel oder einen Schluck Ouzo wolle, stellte er mir selbst eine Frage: ›Warum trägt dieser Bär eigentlich eine Hose?‹ Ich erzählte ihm, daß ich die Sachen für Björn in der Schulzeit genäht hatte, als ich ungefähr vierzehn gewesen war. Hose, Hemd, Jacke, sogar Unterwäsche. ›Unterwäsche?‹ Urs fuhr hoch. ›Ist er denn …? Hat er einen …?‹ Aus Unruhe war Verstörtheit geworden, und als er wieder zu Björn hinübersah, erstarrte er vollends. ›Marie, sieh doch!‹ flüsterte er. Ich bog den Kopf nach hinten, konnte aber nicht erkennen, was ihn so irritierte. Hastig rückte er zur Seite, so daß ich mich umdrehen konnte, und jetzt sah ich, was er meinte.

Es *war* da eine Aufbauschung an Björns Hose, nicht besonders auffällig, aber auch nicht zu übersehen, wenn man sie einmal entdeckt hatte, eine faltige Erhebung, eine Verwerfung. ›Du täuschst dich‹, sagte ich leise, ›das *kann* nicht sein.‹ Er schluckte und nickte. Wir kauerten vor Björn, und wären gern davon überzeugt gewesen, daß es sich um eine zufällige Fältelung handelte. Sie ging nicht zurück. Sie schien unter unseren Blicken an Sichtbarkeit sogar noch zu gewinnen. ›Das kann nicht sein‹, wiederholte ich.

Wir wußten beide, wie dieses Rätsel mit einem

einzigen Handgriff zu lösen war. Einmal hob Urs auch seine Hand, ließ sie aber wieder sinken, und ich versuchte es gar nicht erst. Aus Respekt vor Björn. Aus Ehrfurcht vor ihm. Aus Verlegenheit über unsere lächerlichen Besorgnisse. Aus Furcht vor dem, was sein würde, wenn wir uns nicht getäuscht hatten. Aus all diesen Gründen. Statt dessen faßte ich Björn mit beiden Händen unter die Achseln, hob ihn sachte in die Höhe und trug ihn mit ausgestreckten Armen wie ein zerbrechliches Gefäß, das bis zum Rand mit einer kostbaren oder gefährlichen Flüssigkeit gefüllt ist, langsam zum Kleiderschrank hinüber. ›Mach bitte die Tür auf!‹ sagte ich zu Urs und setzte Björn unter meinen Jacken und Röcken ab. Im Halbdunkel des Schrankes kam es mir vor, als blitzte in seinen unergründlichen, schwarzen Knopfaugen Siegesgewißheit. Als ich die Tür geschlossen hatte, atmete ich auf. Doch Urs hatte begonnen, sich anzuziehen. ›Ich gehe jetzt‹, sagte er. Und er ging. Hastig. Zum Abschied küßten wir uns nicht einmal.«

Sprickmann kam vom Fenster zu mir herüber. »*Ich* gehe nicht«, sagte er, »noch nicht.«

Ich rückte ein wenig zur Seite, und er setzte sich neben mich auf das Bett.

»Was für eine Geschichte!« sagte er. »Ich glaube, jetzt verstehe ich alles.«

»Ich habe Urs nie wieder getroffen. Aber seit diesem Nachmittag habe ich Björn immer, wenn ich Besuch hatte, in den Schrank gesperrt. Es ist besser so, glauben Sie mir!«

Ich spürte, wie er mich von der Seite betrachtete. Er hob seine Hand und strich mir über das Haar.

»Ich dachte«, sagte ich, »Sie interessieren sich nur für Bären.«

»Das habe ich auch gedacht«, sagte er. »Aber in Gegenwart alter Bären ist alles anders. Da gerät so manches unvermutet aus dem Lot.«

»Auch wenn die Bären sich gar nicht zeigen?« fragte ich lächelnd.

»Offenbar. Vielleicht zeigt sich darin ihre Kraft und ihre Herrlichkeit – gerade darin.«

Er griff nach meinen Händen. Ein Flimmern wanderte an meinen Armen hinauf und strahlte und biß und blitzte. Ich ließ mich nach hinten sinken.

»Aber nachher«, flüsterte er, während seine Lippen kleine Küsse auf meinem Haar, meiner Stirn, meiner Nasenspitze, meiner Wange und meinem Mund absetzten, »sehen wir im Schrank nach, ... wie es um Ihren Bären ... steht.«

»Ja«, seufzte ich, »nachher.«

Joachim Ringelnatz

Es trafen sich von ungefähr
Ein Wolf, ein Mensch, sowie ein Bär,
Und weil sie lange nichts gegessen,
So haben sie sich aufgefressen.
Der Wolf den Menschen, der den Bär,
Der Bär den Wolf. – Es schmeckte sehr
Und blieb nichts übrig als ein Tuch,
Drei Haare und ein Wörterbuch.
Das war der Nachlaß dieser drei.
Der eine Mensch, der hieß Karl May.

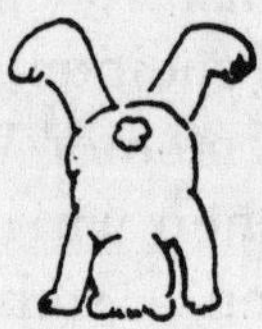

Burgbär als Bettvorleger

BAMBERG, 16. Dezember (dpa). Das Fell von Deutschlands letztem Burgbären »Poldi«, der am Mittwoch wegen Altersschwäche im greisen Alter von 30 Jahren in Bamberg eingeschläfert werden mußte, wird künftig als Bettvorleger dienen. Der Altenburg-Verein, der den Braunbären 1952 auf die Altenburg bei Bamberg holte, will das dichte Fell der Pflegerin schenken, die in den vergangenen zehn Jahren auf jeden Urlaub verzichtete, um »Poldi« zu versorgen. Der Kopf des Bären wird im Bamberger Naturmuseum zu sehen sein, die Bärentatzen soll das Karl-May-Museum erhalten.

Frankfurter Rundschau

Brüder Grimm

Schneeweißchen und Rosenrot

Eine arme Witwe, die lebte einsam in einem Hüttchen, und vor dem Hüttchen war ein Garten, darin standen zwei Rosenbäumchen, davon trug das eine weiße, das andere rote Rosen. Und sie hatte zwei Kinder, die glichen den beiden Rosenbäumchen, und das eine hieß Schneeweißchen, das andere Rosenrot. Sie waren aber so fromm und gut, so arbeitsam und unverdrossen, als je zwei Kinder auf der Welt gewesen sind; Schneeweißchen war nur stiller und sanfter als Rosenrot. Rosenrot sprang lieber in den Wiesen und Feldern umher, suchte Blumen und fing Sommervögel: Schneeweißchen aber saß daheim bei der Mutter, half ihr im Hauswesen oder las ihr vor, wenn nichts zu tun war. Die beiden Kinder hatten einander so lieb, daß sie sich immer an den Händen faßten, sooft sie zusammen ausgingen. Und wenn Schneeweißchen sagte: »Wir wollen uns nicht verlassen«, so antwortete Rosenrot: »So lange wir leben nicht«, und die Mutter setzte hinzu: »Was das eine hat, soll's mit dem andern teilen.«

Oft liefen sie im Wald allein umher und sammelten rote Beeren, aber kein Tier tat ihnen etwas zuleid, sondern sie kamen vertraulich herbei: Das

Häschen fraß ein Kohlblatt aus ihren Händen, das Reh graste an ihrer Seite, der Hirsch sprang ganz lustig vorbei, und die Vögel blieben auf den Ästen sitzen und sangen, was sie nur wußten. Kein Unfall traf sie: wenn sie sich im Walde verspätet hatten und die Nacht sie überfiel, so legten sie sich nebeneinander auf das Moos und schliefen, bis der Morgen kam, und die Mutter wußte das und hatte ihretwegen keine Sorge. Einmal, als sie im Walde übernachtet hatten und das Morgenrot sie aufweckte, da sahen sie ein schönes Kind in einem weißen glänzenden Kleidchen neben ihrem Lager sitzen. Es stand auf und blickte sie ganz freundlich an, sprach aber nichts und ging in den Wald hinein. Und als sie sich umsahen, so hatten sie ganz nahe bei einem Abgrund geschlafen und wären gewiß hineingefallen, wenn sie in der Dunkelheit noch ein paar Schritte weitergegangen wären. Die Mutter aber sagte ihnen, das müßte der Engel gewesen sein, der gute Kinder bewache.

Schneeweißchen und Rosenrot hielten das Hüttchen der Mutter so reinlich, daß es eine Freude war hineinzuschauen. Im Sommer besorgte Rosenrot das Haus und stellte der Mutter jeden Morgen, ehe sie aufwachte, einen Blumenstrauß vors Bett, darin war von jedem Bäumchen eine Rose. Im Winter zündete Schneeweißchen das Feuer an und hing den Kessel an den Feuerhaken, und der Kessel war von Messing, glänzte aber wie Gold, so rein war er gescheuert. Abends, wenn die Flocken fielen, sagte die Mutter: »Geh, Schneeweißchen, und schieb den Riegel vor«, und dann setzten sie sich an den Herd, und die Mutter nahm die Brille und las aus einem großen Buch vor, und die beiden Mädchen hörten zu, saßen und spannen; neben ihnen lag ein Lämmchen auf dem Boden, und hinter ihnen auf einer Stange saß ein weißes Täubchen und hatte seinen Kopf unter den Flügel gesteckt.

Eines Abends, als sie so vertraulich beisammen saßen, klopfte jemand an die Türe, als wollte er eingelassen sein. Die Mutter sprach: »Geschwind, Rosenrot, mach auf, es wird ein Wanderer sein, der Obdach sucht.« Rosenrot ging und schob den Riegel weg und dachte, es wäre ein armer Mann, aber der war es nicht, es war ein Bär, der seinen dicken schwarzen Kopf zur Türe hereinstreckte. Rosenrot schrie laut und sprang zurück: Das Lämmchen blökte, das Täubchen flatterte auf, und Schneeweißchen versteckte sich hinter der Mutter Bett. Der Bär aber fing an zu sprechen und sagte: »Fürchtet euch nicht, ich tue euch nichts zuleid, ich bin halb erfroren und will mich nur ein wenig bei euch wärmen.«

»Du armer Bär«, sprach die Mutter, »leg dich ans Feuer, und gib nur acht, daß dir dein Pelz nicht brennt.« Dann rief sie: »Schneeweißchen, Rosenrot, kommt hervor, der Bär tut euch nichts, er meint's ehrlich.«

Da kamen sie beide heran, und nach und nach näherten sich auch das Lämmchen und das Täubchen und hatten keine Furcht vor ihm. Der Bär sprach: »Ihr Kinder, klopft mir den Schnee ein wenig aus dem Pelzwerk«, und sie holten den Besen und kehrten dem Bär das Fell rein. Er aber streckte sich ans Feuer und brummte ganz vergnügt und behaglich. Nicht lange, so wurden sie ganz vertraut und trieben Mutwillen mit dem unbeholfenen Gast. Sie zausten ihm das Fell mit den Händen, setzten ihre Füßchen auf seinen Rücken und walgerten ihn hin und her, oder sie nahmen eine Haselrute und schlugen auf ihn los, und wenn er brummte, so lachten sie. Der Bär ließ sich's aber gerne gefallen, nur wenn sie's gar zu arg machten, rief er: »Laßt mich am Leben, ihr Kinder:

Schneeweißchen, Rosenrot
schlägst dir den Freier tot.«

Als Schlafenszeit war und die andern zu Bett gingen, sagte die Mutter zu dem Bär: »Du kannst in Gottes Namen da am Herde liegen bleiben, so bist du vor der Kälte und dem bösen Wetter geschützt.« Sobald der Tag graute, ließen ihn die beiden Kinder hinaus, und er trabte über den Schnee in den Wald hinein. Von nun an kam der Bär jeden Abend zu der bestimmten Stunde, legte sich an den Herd und erlaubte den Kindern, Kurzweil mit ihm zu treiben, so viel sie wollten; und sie waren so gewöhnt an ihn, daß die Türe nicht eher zugeriegelt ward, als bis der schwarze Gesell angelangt war.

Als das Frühjahr herangekommen und draußen alles grün war, sagte der Bär eines Morgens zu Schneeweißchen: »Nun muß ich fort und darf den ganzen Sommer nicht wiederkommen.«

»Wo gehst du denn hin, lieber Bär?« fragte Schneeweißchen.

»Ich muß in den Wald und meine Schätze vor den bösen Zwergen hüten: Im Winter, wenn die Erde hart gefroren ist, müssen sie wohl unten bleiben und können sich nicht durcharbeiten, aber jetzt, wenn die Sonne die Erde aufgetaut und erwärmt hat, da brechen sie durch, steigen herauf, suchen und stehlen; was einmal in ihren Händen ist und in ihren Höhlen liegt, das kommt so leicht nicht wieder an des Tages Licht.«

Schneeweißchen war ganz traurig über den Abschied, und als es ihm die Türe aufriegelte und der Bär sich hinausdrängte, blieb er an dem Türhaken hängen, und ein Stück seiner Haut riß auf, und da war es Schneeweißchen, als hätte es Gold durchschimmern gesehen: aber es war seiner Sache nicht gewiß. Der Bär lief eilig fort und war bald hinter den Bäumen verschwunden.

Nach einiger Zeit schickte die Mutter die Kinder in den Wald, Reisig zu sammeln. Da fanden sie draußen einen großen Baum, der lag gefällt auf dem Boden, und an dem Stamme sprang zwischen dem Gras etwas auf und ab, sie konnten aber nicht erkennen, was es war. Als sie näherkamen, sahen sie einen Zwerg mit einem alten verwelkten Gesicht und einem ellenlangen schneeweißen Bart. Das Ende des Bartes war in eine Spalte des Baums eingeklemmt, und der Kleine sprang hin und her wie ein Hündchen an einem Seil und wußte nicht, wie er sich helfen sollte. Er glotzte die Mädchen mit seinen roten feurigen Augen an und schrie: »Was steht ihr da! Könnt ihr nicht kommen und mir Beistand leisten?«

»Was hast du angefangen, kleines Männchen?« fragte Rosenrot.

»Dumme neugierige Gans«, antwortete der Zwerg, »den Baum habe ich mir spalten wollen, um kleines Holz in der Küche zu haben; bei den dicken Klötzen verbrennt gleich das bißchen Speise, das unsereiner braucht, der nicht so viel hinunterschlingt als ihr grobes, gieriges Volk. Ich hatte den Keil schon glücklich hineingetrieben, und es wäre alles nach Wunsch gegangen, aber das verwünschte Holz war zu glatt und sprang unversehens heraus, und der Baum fuhr so geschwind zusammen, daß ich meinen schönen weißen Bart nicht mehr herausziehen konnte; nun steckt er drin, und ich kann nicht fort. Da lachen die albernen glatten Milchgesichter! Pfui, was seid ihr garstig!«

Die Kinder gaben sich alle Mühe, aber sie konnten den Bart nicht herausziehen, er steckte zu fest: »Ich will laufen und Leute herbeiholen«, sagte Rosenrot.

»Wahnsinnige Schafsköpfe«, schnarrte der

Zwerg, »wer wird gleich Leute herbeirufen, ihr seid mir schon um zwei zu viel; fällt euch nichts Besseres ein?«

»Sei nur nicht ungeduldig«, sagte Schneeweißchen, »ich will schon Rat schaffen«, holte sein Scherchen aus der Tasche und schnitt das Ende des Bartes ab. Sobald der Zwerg sich frei fühlte, griff er nach einem Sack, der zwischen den Wurzeln des Baumes steckte und mit Gold gefüllt war, hob ihn heraus und brummte vor sich hin: »Ungehobeltes Volk, schneidet mir ein Stück von meinem stolzen Bart ab! Lohn's euch der Kuckuck!« Damit schwang er seinen Sack auf den Rücken und ging fort, ohne die Kinder nur noch einmal anzusehen.

Einige Zeit danach wollten Schneeweißchen und Rosenrot ein Gericht Fische angeln. Als sie nahe bei dem Bach waren, sahen sie, daß etwas wie eine große Heuschrecke nach dem Wasser zuhüpfte, als wollte es hineinspringen. Sie liefen heran und erkannten den Zwerg. »Wo willst du hin?« sagte Rosenrot, »du willst doch nicht ins Wasser?«

»Solch ein Narr bin ich nicht«, schrie der Zwerg, »seht ihr nicht, der verwünschte Fisch will mich hineinziehen!«

Der Kleine hatte da gesessen und geangelt, und unglücklicherweise hatte der Wind seinen Bart mit der Angelschnur verflochten. Als gleich darauf ein großer Fisch anbiß, fehlten dem schwachen Geschöpf die Kräfte, ihn herauszuziehen. Der Fisch behielt die Oberhand und riß den Zwerg zu sich hin. Zwar hielt er sich an allen Halmen und Binsen, aber das half nicht viel, er mußte den Bewegungen des Fisches folgen und war in ständiger Gefahr, ins Wasser gezogen zu werden. Die Mädchen kamen zu rechter Zeit, hielten ihn fest und versuchten den Bart von der Schnur loszumachen, aber vergebens, Bart und Schnur waren fest ineinander verwirrt. Es blieb nichts übrig, als das Scherchen hervorzuholen und den Bart abzuschneiden, wobei ein kleiner Teil desselben verlorenging. Als der Zwerg das sah, schrie er sie an: »Ist das Manier, ihr Lorche, einem das Gesicht zu schänden? Nicht genug, daß ihr mir den Bart unten abgestutzt habt, jetzt schneidet ihr mit den besten Teil davon ab; ich darf mich vor den Meinigen gar nicht sehen lassen. Daß ihr laufen müßtet und die Schuhsohlen verloren hättet!« Dann holte er einen Sack Perlen, der im Schilf lag, und ohne ein Wort weiter zu sagen, schleppte er ihn fort und verschwand hinter einem Stein.

Es trug sich zu, daß bald hernach die Mutter die beiden Mädchen nach der Stadt schickte, Zwirn, Nadeln, Schnüre und Bänder einzukaufen. Der Weg führte sie über eine Heide auf der hier und da mächtige Felsstücke zerstreut lagen. Da sahen sie einen großen Vogel in der Luft schweben, der langsam über ihnen kreiste, sich immer tiefer herabsenkte und endlich nicht weit bei einem Felsen niederstieß. Gleich darauf hörten sie einen durchdringenden, jämmerlichen Schrei. Sie liefen herzu und sahen mit Schrecken, daß der Adler ihren alten Bekannten, den Zwerg, gepackt hatte und ihn forttragen wollte. Die mitleidigen Kinder hielten gleich das Männchen fest und zerrten sich so lange mit dem Adler herum, bis er seine Beute fahren ließ. Als der Zwerg sich von dem ersten Schrecken erholt hatte, schrie er mit seiner kreischenden Stimme: »Konntet ihr nicht säuberlicher mit mir umgehen? Gerissen habt ihr an meinem dünnen Röckchen, daß es überall zerfetzt und durchlöchert ist, unbeholfenes und täppisches Gesindel, das ihr seid!« Dann nahm er einen Sack mit Edelsteinen und schlüpfte wieder unter den Felsen in seine Höhle. Die Mädchen waren seinen Undank schon gewöhnt, setzten ihren Weg fort und verrichteten ihr Geschäft in der Stadt. Als sie beim Heimweg wieder auf die Heide kamen, überraschten sie den Zwerg, der auf einem reinlichen Plätzchen seinen Sack mit Edelsteinen ausgeschüttet und nicht gedacht hatte, daß so spät noch jemand daherkommen würde. Die Abendsonne schien über die glänzenden Steine, sie schimmerten und leuchteten so prächtig in allen Farben, daß die Kinder stehenblieben und sie betrachteten. »Was steht ihr da und habt Maulaffen feil!« schrie der Zwerg, und sein aschgraues Gesicht war zinnoberrot vor Zorn. Er wollte mit seinen Scheltworten fortfahren, als sich ein lautes Brummen hören ließ und ein schwarzer Bär aus dem Wald herbeitrabte. Erschrocken sprang der Zwerg auf, aber er konnte nicht mehr in seinen Schlupfwinkel gelangen, der Bär war schon in seiner Nähe. Da rief er in Herzensangst: »Lieber Herr Bär, verschont mich, ich will Euch alle meine Schätze geben, seht, die schönen Edelsteine, die da liegen. Schenkt mir das Leben, was habt Ihr an mir kleinem schmächtigen Kerl? Ihr spürt mich nicht zwischen den Zähnen: da, die beiden gottlosen Mädchen packt, das sind für Euch zarte Bissen, fett wie junge Wachteln, die freßt in Gottes Namen.«

Der Bär kümmerte sich um seine Worte nicht, gab dem boshaften Geschöpf einen einzigen Schlag mit der Tatze, und es regte sich nicht mehr.

Die Mädchen waren fortgesprungen, aber der Bär rief ihnen nach: »Schneeweißchen und Rosenrot, fürchtet euch nicht, wartet , ich will mit euch gehen.« Da erkannten sie seine Stimme und blieben stehen, und als der Bär bei ihnen war, fiel plötzlich die Bärenhaut ab, und er stand da als ein schöner Mann, und war ganz in Gold gekleidet. »Ich bin eines Königs Sohn«, sprach er, »und war von dem gottlosen Zwerg, der mir meine Schätze gestohlen hatte, verwünscht, als ein wilder Bär in dem Wald zu laufen, bis ich durch seinen Tod erlöst würde. Jetzt hat er seine wohlverdiente Strafe empfangen.«

Schneeweißchen ward mit ihm vermählt und Rosenrot mit seinem Bruder, und sie teilten die großen Schätze miteinander, die der Zwerg in seiner Höhle zusammengetragen hatte. Die alte Mutter lebte noch lange Jahre ruhig und glücklich bei ihren Kindern. Die zwei Rosenbäumchen aber nahm sie mit, und sie standen vor ihrem Fenster und trugen jedes Jahr die schönsten Rosen, weiß und rot.

Wolf-Dieter Storl

Der Krösus des Tierreichs

Im Märchen von Schneeweißchen und Rosenrot wird deutlich, daß der Bär trotz seiner wilden Erscheinung nicht nur edel, sondern auch reich ist – unermeßlich reich. Wie könnte es auch anders sein? Kennen wir ihn nicht schon als Gefährten der reichen Erntegöttin, die ihr Füllhorn über Felder und Wiesen ausschüttet und Speicher, Fässer und Truhen zum Überfließen bringt? Der König der Tiere begegnet uns hier als Hüter der Schätze, als Besitzer von Kostbarkeiten, Edelsteinen, Perlen und Goldklumpen. Da ihm das Erdinnere nicht verschlossen ist, hat er Zugang zu den geheimen Kammern, in denen Edelsteine wachsen und reifen, vergrabene Goldschätze lagern und Silberadern das Gestein durchziehen. So ist es verständlich, daß ein Bär dem heiligen Magnus unterirdische Gold- und Silberadern aufzeigen konnte und damit den Klöstern im Allgäu zu Wohlstand verhalf. Es ist auch kein Zufall, daß der Legende nach die Schatzkammer unter dem Rathaus der Stadt Bern einst eine Bärenhöhle war. Die älteste Silbermünze Berns, der Batzen, im 13. Jahrhundert erstmals geprägt, zeigt einen schreitenden Bären und darüber den gekrönten Kopf eines Königs. Die Bezeichnung Batzen war im ganzen deutschsprachigen Raum verbreitet, und Etymologen sind der Ansicht, daß dieses Wort auf Betz und Petz zurückzuführen ist.

Sogar in den Nervenzentren der modernen Finanzwelt, an der Wall Street, der Frankfurter oder der Züricher Börse ist das Brummen des Bären noch zu hören. Den Börsenspekulanten erweist der Petz jedoch einen echten Bärendienst – ein »bear market« ist eine Baisse, ein »bear sale« ein Leerverkauf.

Meister Petz ist fabelhaft reich, ohne sich dafür abrackern zu müssen und ohne zu geizen oder zu knausern. Der Reichtum fällt ihm einfach zu. Er ist Teil seines Wesens. Auch wenn er sich auf die faule Bärenhaut legt, geht ihm das Gold nicht aus. Schließlich ist er ein König. Die Astrologen schreiben ihm einen jupiterhaften Charakter zu. Jupiter, der goldgekrönte Planetenkönig, Herrscher über Blitz und Donner, ist der Spender von Fülle, Wohlstand und Lebensfreude, die sich negativ in Völlerei, Trägheit und Fettsucht äußern kann. Kaum ein Tier ist so jupiterhaft wie der Bär! Wie Meister Petz zu diesem Segen kam, versucht eine Geschichte aus Lappland zu erklären:

Als der Heiland noch auf Erden wandelte, kam er einst an einen reißenden Fluß, den er nicht überqueren konnte. Da bat er ein Pferd, das am Ufer weidete, es möge ihn doch auf den Rücken nehmen und hinübertragen. Das Roß wieherte stolz und wandte sich ab.

Kurz darauf traf der Heiland auf einen Bären, der im Strom fischte. Auch ihn fragte er, ob er ihn hinübertragen würde. Ohne zu zögern, als sei er der Christopherus selber, trug der Bär den Heiland über das Wasser.

Da sagte Christus zu dem Pferd: »Da du dich geweigert hast, mir auch nur diesen kleinen Dienst zu erweisen, wirst du dein Leben mit schwerer Arbeit, mit Wagenziehen, Pflügen und Lastentragen verbringen müssen, und das bei magerer Kost!«

Zum Bären gewandt verkündete er »Und dir, lieber Bär, sei ein angenehmes Leben ohne Arbeit gegönnt. Den ganzen Winter darfst du schlafen, und im Sommer sind die besten Leckerbissen, Beeren, Honig und andere Schätze der Natur dein!«

Eva Demski

Beerenlese

Jeden Tag kommen mehr Eimer ins Haus. Geriffelte, rostige Blecheimer, von kugeligen Frauen an der Tür abgegeben, sie sagen: Sechs Liter! oder: Heit sans achte! entweder bekümmert oder triumphierend. Über den Preis lassen sie nicht mit sich reden. Die Wohnung riecht bis ins Klo, als säße man im Inneren einer Himbeere. Himbeerrot, wie es angeblich der Pullover im Kaufhaus Rothdauscher sein soll, ist plötzlich eine fragwürdige Farbe. Denn entweder der Pullover ist es nicht oder die Himbeeren. Beide Farben, das kann jeder sehen, haben überhaupt nichts miteinander zu tun.

Und das Himbeereis machen sie auch aus was anderem, sage ich zu Kitty. Das sieht man doch ganz deutlich.

Wahrscheinlich aus Zahnpasta, sagt sie zerstreut, und ihr Blick geht über viele Eimer voll roten Samtes, auf dem es sich weiß ringelt.

Uh! sage ich. Äh. Würmer!

Das sind eigentlich nicht direkt Würmer! antwortet Kitty, noch immer nicht bei der Sache, weil in ihrem Kopf die undurchschaubaren Umwandlungen der Eimer in Flaschen und Gläser und des sehr vergänglichen, ja, geradezu sichtbar vermatschenden und hinschmelzenden Eimerinhalts in etwas nahezu Ewiges stattfindet.

Ja, wir beugen uns weit zurück in eine Zeit, wo noch nicht in Bad Schwartau aus einer einzigen, riesengroßen Himbeere eine einzige, riesengroße Marmelade für Europa und Übersee gemacht wurde.

Es sieht zwar aus wie Würmer, sagt Kitty, deren Berechnungen zu irgendeinem Abschluß gekommen zu sein scheinen, und sie läßt fürs erste den Gedanken an mögliche Katastrophen beiseite, zum Beispiel, daß die Hausmädchen ihre Tage haben und nichts davon sagen, so daß wenig später alle Gläser aufgehen, wie man weiß.

Es hat nur den Anschein, als seien es Würmer, sagt sie in die Eimer hinein, wo die Anscheine zeigen, daß sie einen Anfang und ein Ende haben, der Anfang nämlich ist ein schwarzes Pünktchen, das heben sie und schwenken es suchend hin und her. Ihre Verwandten können sie nicht suchen, denn immer mehr von ihnen kommen aus der erstickenden Tiefe der Eimer hervorgekrochen und zeigen sich den Obengebliebenen.

In Wirklichkeit sind sie nichts als Himbeeren. Woraus sonst sollen sie bestehen? Das frage ich dich. Du bist doch gut in Naturkunde. (Biologie hieß, solange es irgend ging, Naturkunde. Man schaffte den Namen ab, als er sich immer schwieriger erklären ließ.)

Wenn sie nur Himbeeren sind, sage ich, warum sehen sie dann nicht wie Himbeeren aus?

Ach, antwortet sie und blickt in eine Ferne, von der sie denkt, daß ich nicht weiß, was in ihr vorgeht. Ich weiß es aber ganz genau, denn mein Großvater, ihr Mann, hat sich vor kurzem in eine Telefonstimme verhört, dunkel und schwer wie Marsalawein, hat er in einem unvorsichtigen Moment gesagt, und alle waren froh gewesen, als er die Stimme eingeladen hatte und ihre Besitzerin ganz und gar nichts von dem hielt, was sich indessen nicht nur mein Großvater versprochen hatte. Nein, das ist ein Gestell, hieß es allgemein, mach dir keine Sorgen, Kitty, wenn unten im zweiten Stock im Büro was passiert, hörst dus oben klappern.

Ach, weit gefehlt! Sie war dunkler Marsalawein und sah deshalb auch entsprechend aus, basta.

Wieso ist das so schwer zu verstehen? sagte Kitty. Sie sehen zwar nicht genau wie Himbeeren aus, aber sie sind immer in der Himbeere gewesen, sie leben in Himbeere, sie essen Himbeere, folglich sind sie es. Du könntest sie übrigens absammeln! Ich verschwinde sehr schnell. Deshalb bleibt mir auch die erste Phase des Umwandlungsprozesses verborgen.

Man kann Schnaps daraus machen! sagt Battist und schaut angeregt in die Eimer. Da macht das mit den Maden nichts aus. Der Alkohol reinigt alles.

Battist ist Kittys Bruder, ihr jüngerer Bruder, einsneunzig, zweizentnerdreißig und kahl wie ein

Apfel, aber nicht, weil er keine Haare hätte, sondern weil ihm jeden Morgen der Friseur den Schädel kahl rasiert. Battist heißt eigentlich Jean-Baptiste und haßt Zeitverschwendung. Kämmen ist Zeitverschwendung. Battist ist reich und mächtig, alle Mädchen in ganz Rheinhessen sind ihm verfallen, ach! und Battist haßt das Neinsagen ebenso wie Zeitverschwendung. Gott sei Dank bleiben all die tausend Lieben folgenlos, auch die erlaubte, leider. Das macht aber gar nicht. Ich reiche zu dieser fernen Beerenzeit Battist bis zum Knie und weiß über alles Bescheid.

Schnaps! sagt seine Schwester liebevoll. Das kannst du daheim machen. Hier wird Saft und Gelee gemacht, das heißt, wenn das Gelee fest wird. Sonst eben nur Saft.

Ah, dieser Saft! In reinem Weißwein angesetzt, schieden sich die Früchte rasch von ihren unähnlichen Ebenbildern, welche bald reglos oben schwammen und abgeseiht werden konnten. Der Wein zog die Farbe aus den Beeren und wurde dunkelrot, wie Blut tropfte es aus dem über einen umgedrehten Schemel gespannten Tuch in die Schüssel. Das wurde dann mit Zucker dick gekocht, ein paar Tropfen davon in kaltes Wasser: Sommer mitten im Winter.

Kinderkram, sagt Battist. Ich fahr ins Elsaß. Sie mochten ihn dort, wegen seines Namens und seines schönen, dem ihren ähnlichen Niemandslanddialekts – und weil er wunderbar Klavier spielen konnte. Wenn er gewußt hätte, was ich wußte. Nämlich, daß hinten im Bügelzimmer ein fünfundzwanzig Liter fassender Steintopf mit einem schweren Holzdeckel stand, dessen Boden gerade mit den Vorgängern der verewigten Himbeeren, nämlich Erdbeeren bedeckt war. Es fiel niemandem auf, daß die Schicht etwas dünner geworden war, im Warten. Wenn man nämlich eine oder mehrere dieser mit Rum und Zucker konservierten, seltsam bleichen Beeren lutschte, bekam man einen angenehmen Zustand. Nein, davon wußte Battist nichts, und ich sagte es ihm auch nicht, weil die ganze Familie sicher, ja, felsenfest überzeugt war, daß ich von dem Topf keine Ahnung hätte und überdies sein Deckel für mich viel zu schwer sei. Damals erfand ich das Hebelgesetz.

Die Erdbeeren: Keine Walderdbeeren (die nimmt man für die Bowle), sondern dicke Senga Sengana, vorsichtig von ihren Strohbettchen geholt, auf die sie im Beet wegen Übergewichts zu sinken pflegen.

Im Grund, sagt Kitty regelmäßig am Jahresende, wenn alle einen schweren, mittäglichen Dessertschwips haben, ist es egal, was man reintut. Es schmeckt alles gleich und sieht alles gleich aus. Aber so darf man eben nicht denken. Und Battist – der zwischenzeitlich wieder in seine Weinberge und zu den rheinhessischen Mädchen sowie zu seiner Frau Annchen zurückgekehrt ist, läßt durch den Mund seiner Schwester verkünden: Vielleicht sollte man doch gleich Schnaps draus machen!

Aber was gibt es dann nach der Gans zum Nachtisch?

Noch aber ist Sommer, die Schichten im Rumtopf wollen trotz jahreszeitlich sorgfältigen Nachfüllens nicht so wachsen, wie sie sollen, Kitty blickt nachdenklich in das Dunkel des steinernen Topfes, und ich erfinde mürrisch die Abstinenz, mindestens bis zu den Stachelbeeren. Die Stachel- sowie die Johannisbeeren kommen von den Sudetendeutschen. Die wohnen am Stadtrand, und einmal im Jahr sind wir mit denen verwandt. Sie nennen Beeren Bären, und ihr Lieblingslied handelt vom »Vuglbärbaam«, welcher bei uns Vogelbeerbaum heißt und keine Rolle spielt, weil er nichts zum Rumtopf beizutragen hat, und nie hat Kitty seine Früchte in eine Bowle getan, trotz ihrer Experimentierfreude und Durchsetzungskraft, für die eine nicht sehr beliebte, aber beharrlich alljährlich wiederholte Brombeerbowle der Beweis ist.

Also: Es gibt rote, weiße und schwarze Johannisbeeren. Die Sudetendeutschen haben mehr rote als schwarze, was vernünftig ist, weil die schwarzen nach Katzendreck und die weißen nach gar nichts schmecken. Kitty zieht etwas an, das sie für ländlich hält (ein paspeliertes Jäckchen von Wallach in München), und die festen Ballyschuhe mit den Korkabsätzen.

Wir nehmen unsere eigenen Schüsseln mit, sagt sie. Herr Küther bringt uns hin.

Herr Küther ist Fahrer, und an Weihnachten

schmückt er den Christbaum. Er tut sonst noch manches, aber dort, wo wir jetzt hinfahren, fährt er nicht gern hin. Da könne er dann gleich wieder den Wagen waschen, sagt er.

Im Kofferraum klappern die Schüsseln. Du mußt nichts essen, was du nicht essen willst, sagt Kitty zu mir. In Wirklichkeit meint sie, daß sie dort nichts hinunterbringt, weil sie glaubt, daß das Besteck nicht ordentlich gespült ist, und überhaupt, aber das sagt sie nicht.

Das Auto wird am Abend weiß von Staub sein, und wie immer wird man nicht rausgekriegt haben, was sie denken, die Sudetendeutschen. Es sind viele Brüder, die zusammen zwei Oberkieferprothesen haben, so daß man nur mit denen reden kann, die sie grade tragen, während die anderen stumm und verhungert aussehen. Frauen haben sie aber trotzdem und viele Kinder, jedes Jahr werden die herausgesucht, die im Alter zu mir passen, damit wir uns gegenseitig anschweigen können. Sie wohnen alle nah beieinander, in kleinen, verstockt aussehenden Häuschen, die sich in pico bello gehaltenen Gärten verkriechen.

Pico bello! sagt Kitty, während sie die Armee der Beerensträucher mustert, unter denen in graden Reihen Kohlrabi und gelbe Rüben, Erbsen und Porree wachsen und manchmal ein rot-grüner Rhabarberbusch. Pico bello! die Ordnung, also von der können sie hier noch was lernen.

Offenbar haben die Sudetendeutschen nie genug zu essen. Entweder wird grade was aufgetragen oder abgeräumt, aber immer wird drüber geredet. Nur nicht, wenn es gegessen wird. Dann ist Ruhe.

Na, dann wollen wir mal, sagt Kitty, nein, danke Fanny, – nicht Fanny? Gerti?, ach so, Marga!, entschuldige, nein, jetzt keinen Kaffee. Ich kann sonst nicht schlafen. Wir pflücken lieber, wenn ihr erlaubt.

Und Herr Küther lädt schlecht gelaunt ein Säckchen Südzucker aus, als Gegenleistung. Mit kleinen Schemeln ziehen wir zwischen die Reihen der Sträucher, alsbald wird es still, denn die Sudetendeutschen trinken jetzt ihren Kaffee allein. Sie wissen, daß er ihnen nicht den Schlaf rauben wird.

Es ist still, und Kitty hat ihr ländliches Jäckchen an einen Baum gehängt. Die Nylons werden von den Stachelbeeren angegriffen und schnell zur Strecke gebracht. Die Stachelbeeren sind klein, glasiggrün und ziemlich sauer. Oder sie sind groß, gelb bis traubenrot, matschig unter harter Hülle und süß. Die kleinen sauren Teufel sind gut für Gelee. Die anderen seien eher zum so essen, sagt Kitty. Von einer Stachelbeerbowle halte sie nichts, vertraut sie mir an. Wenn die haarigen Dinger in der Flüssigkeit herumschwämmen, sagt sie, also das sähe so – ja also – jedenfalls seien es nicht die geeigneten Beeren.

Ich mag sie, weil sie ja auch das ersehnte Ende meiner Rumtopfabstinenz markieren – aber das sage ich natürlich nicht. Das einzige Geräusch, das man hört, ist zunächst das Summen, wie es in einem fast eingeschlafenen Sommergarten ganz normal ist. Das träge Flattern der Hühner in der Sandkuhle und ihr rro? rro? das sie von Zeit zu Zeit fragend an irgendeinen Gott der Hühner richten. Kühe gibts hier keine, bloß zwei unsichtbare Schafe, von deren komplizierten und beängstigenden Krankheiten die Frauen Magda? Fanny? Fini? gern erzählen. Geschichten über kranke Tiere öffnen die Handtasche, das Herz und das Portemonnaie meiner Großmutter Kitty umgehend. Einmal hat sie einen absurden Preis für einen Domfalken bezahlt, der im Käfig eines finsteren Tierhändlers saß. Vielleicht war die Freilassung des Falken das wichtigste Ereignis in ihrem Leben.

Hier hört man bloß einen Regenpfeifer, und Kitty fragt, wie viele Schüsseln ich schon voll habe. Keiner ahnt, wie lang es dauert, eine Schüssel vollzukriegen, mit Beeren, während man so viel denken muß.

Ich bin noch bei der ersten, sage ich.

Ich blöderweise auch, sagt Kitty. Insgesamt dürfen wir fünf, und man hofft, daß wir bald gehen. Ich gäbe eine Million für ein Zitronenwasser. Das haben die hier aber nicht, weil sie nur eigenes essen und trinken, und Zitronen kommen aus Afrika. Eins von den gleichaltrigen Kindern bringt einen Krug mit lila Saft. Er ist mit kaltem Wasser verdünnt und schmeckt uns beiden, wie man sich denken kann. Wie Nektar von Ambrosia, hätte mein Großvater gesagt.

Heidelbeer, sagt das Kind. Den haben wir noch von daheim. Kitty läßt fast das Glas fallen, sie rechnet, zehn Jahre ist das jetzt fast her mit dem daheim von denen.

Hatten sie nichts Wichtigeres mitzunehmen wie Heidelbeersaft? fragt Kitty beim Zurückfahren den Herrn Küther, der einen mißmutigen Kringel auf die staubige Kühlerhaube gemalt hat.

Ich weiß nicht, Frau Doktor, sagt der.

Es läßt sie gar nicht los. Das muß man sich vorstellen, den ganzen langen Weg mit all dem Dreck und diesen Schwierigkeiten! Heidelbeersaft! Der braucht dir doch bloß aufzugehen, dann kannst du alles andere auch gleich wegschmeißen, was du mitgeschleppt hast.

Drei Schüsseln Johannisbeeren und zwei Schüsseln Stachelbeeren, dazu zehn Jahre alte Heidelbeeren aus der entschwundenen Heimat.

Im nächsten Jahr kaufen wir das Zeug, sagt Kitty. Andererseits sieht man sie dann gar nicht mehr. Sie sollen doch nicht denken, daß wir uns für was besseres halten. Herr Küther hustet. Er hält sich ganz eindeutig für was besseres, denn seine Ahnenreihe zeigt eine beruhigende Seßhaftigkeit und reicht nicht weiter als bis Plattling. Fürs Herumkommen haben Gott sei Dank die Kriege gesorgt.

Auf der Flucht vor den rheinhessischen Mädchen ist Battist wieder vorbeigekommen, hoch und mächtig empfängt er uns an der Tür, und auch die bayrischen Mädchen können ihre Blicke nicht von ihm wenden, wie man an den unseren sehen kann, die mitten in der Woche mit frischen Schürzen herumstehen und über ihre eigenen Füße fallen, die in Kirchgehschuhen stecken. Er schaut in die Schüsseln.

Wenn man bei euch ist, macht ihr immer aus dem schönen Zeug diesen süßen Krempel. Brennen müßt ihr es! Oder zumindest Wein draus machen, obwohl das auch Weiberzeug ist. Johannisbeerwein! Stachelbeerwein! Heidelbeer-Erdbeer-Brombeerwein! Lauter Büchsenöffner! sagt er und lacht, daß die Biedermeiermöbel auf ihren armseligen Beinchen zu zittern anfangen.

Da kenn ich welche, die sind mit dem Beerenzeug ihr Leben lang Alkoholikerinnen gewesen und haben sechzig Jahre lang dem Pfarrer erzählt, sie hätten außer dem Meßwein noch nie was angerührt.

Was erzählst du für furchtbare Sachen vor dem Kind, sagte Kitty und lacht, weil sie keinen Menschen auf der Welt mehr liebt als ihren kleinen Bruder. Mir geht es genauso mit ihm, und ich kann nicht genug Geschichten hören, wie sie ihn im Ersten Weltkrieg ins Gefängnis gesteckt haben, weil er zehn Tage lang vierundzwanzig Stunden gesungen hat: Es ist so schön, Soldat zu sein, damit er keiner zu sein brauchte. Oder wie er im ersten Tonfilm seines Lebens als großer Mann und Herzensbrecher so geweint habe, daß die Tränen in breiten Bächen unter der Kinotür herausgelaufen seien, oder wie er, als der Sarg eines lieben Freundes nicht in das Erdloch passen wollte, der Trauergemeinde zärtlich zurief: Ei nemmt'n doch widder mit hääm! Der will doch gor net! Und basta, es wird kein Schnaps gemacht, nicht einmal für dich! sagt Kitty, und ich lauere, ob sie mich dalassen, wenn er zu erzählen anfängt, oder ob sie mich hinausschmeißen. Man weiß es nie vorher.

Manchmal haben sie mich auch schon versehentlich dagelassen, und ich lerne fürs Leben. Zum Beispiel, daß es Dinge gibt, die man im fünften Monat besser nicht mehr tut, und daß die ansonsten eher langweilige Tante Hedi mit ihren gehäkelten Samthüten und ihrer Lispelstimme etwas hochinteressantes ist, was nymphoman heißt und nicht bei uns im Wörterbuch steht. Und daß die sogar ihm, Battist, zu anstrengend sei. Sie rede danach immer soviel und wolle, was noch schlimmer sei, auch zuviel hören.

Diesmal schmeißen sie mich hinaus, und bis ich ihn hätte ein bißchen für mich allein haben können, ist er schon wieder weg.

Sie werden schon rot! sagt irgendwann jemand mit einer kleinen Traurigkeit in der Stimme, und ein paar Wochen später heißt es: Jetzt sind die ersten schon schwarz! Und Kittys Gatte hat vom Wagen aus ergiebige Hecken erspäht, die er – natürlich ohne seine Mithilfe – abzuernten befiehlt. Brombeeren, die sich, wie jeder weiß, dem Sammler nicht kampflos ergeben. Eigentlich der Sammlerin. Männer sammeln keine Beeren, obwohl mir scheint, daß grade Brombeeren in den Männern das Kriegerhandwerk ansprechen könnten. Mich fragt aber keiner, und es werden Eimerchen verteilt, Handschuhe nicht, denn mit denen hat man nicht den richtigen Griff. Manchmal geht der Hausherr mit und beaufsichtigt das Sammelpersonal.

Für mich hat er ein besonderes Spiel, das mich für Stunden vom Sammeln dispensiert und das ich nicht nur deswegen liebe. Er deutet auf irgendwelche Gewächse, ob im Wald oder am Waldrand, ob an Feldwegen oder bewachsenen Trümmern – wohin den kleinen Trupp eben der Brombeerfeldzug führt –, er deutet und fragt: Wie heißt das?

Weißichnicht ist eine in unserer Familie unbekannte Antwort. Außerdem besuche ich eine Nonnenschule, und da, wie jedermann weiß, Pflanzen die einzige Art Natur sind, von der die was verstehen dürfen, setzt er einen hohen Kenntnisstand voraus, den er allerdings nie nachprüft.

Ich beginne vorsichtig: Giersch, sage ich, oder: Kuckucksnelke. Da ihn diese Antworten zu langweilen scheinen und ich die meisten Pflanzen nicht kenne, versuche ich es einfach – der gemeine Rußquendel, sage ich, kreuzblütiges Fünfzehntalerkraut, vierblättriges Mariensiegel, querblühende

Essigrose, haarige Pferdemelde, gestreifte Distelwinde. Das regt ihn an, er widerspricht: Ob es sich nicht vielleicht um die übelriechende Eselsmelde oder das Pharaonensiegel handle? Nicht nur, daß die Distelwinde ihm zu wenig gestreift erschiene, auch die Essigrose lasse den säuerlichen Geruch vermissen und sei vielleicht doch die halbgefüllte Hundsrose – wir amüsieren uns hervorragend, während die Pflückerinnen im Kampf mit den Brombeerhecken eine Wunde nach der anderen davontragen. Kittys Mann ist zufrieden mit sich und mir.

Wenn die Brombeeren eingebracht sind, ist der Sommer vorbei. Jeder weiß das, aber wir warten noch die Heidelbeeren ab, nach deren Verarbeitung die Küche neu geweißt werden muß. Warum streichen wir sie nicht eigentlich gleich lila? sagt Kitty. Die kugeligen Weiblein kommen zum letztenmal an die Tür, in kleinen Gefäßen bieten sie Preiselbeeren an, bitter, bitter schmeckt das Sommerende. Von der Bitternis braucht man nicht viel. Ein Liter Beeren wird verarbeitet und in ganz kleine Gläser gefüllt, in den Rumtopf dürfen sie nicht und in eine Bowle schon gar nicht. Aus denen könnte nicht einmal der Battist Schnaps machen wollen, sagt Kitty und weint.

Er ist tot, der kleine Bruder. Ganz plötzlich. Die rheinhessischen und die bayrischen Mädchen trauern. Kommt er nie mehr, frage ich. Ich frage, weil ich den Tränen der Großen nicht glauben kann.

Nein, nie mehr, sagt Kitty. Bitter, bitter schmeckt das Sommerende.

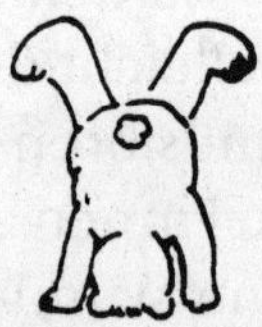

Ambrose Bierce

Der Bär im Lasso

Ein Jäger, der einen Bären im Lasso gefangen hatte, versuchte vom Strick loszukommen. Aber die Schlinge am Handgelenk wollte sich nicht lösen, weil der Bär am anderen Ende immerfort mit den Tatzen zerrte. In höchster Not sah der Jäger einen Schausteller vorübergehen, und es gelang ihm, seine Aufmerksamkeit zu erregen.

»Wieviel bieten Sie mir für meinen Bären?« fragte er.

»Es wird wohl fünf oder zehn Minuten dauern«, antwortete der Schausteller, »bis ich einen Bären haben will, und es sieht mir ganz so aus, als ob die Preise während dieser Zeit fallen werden. Ich glaube, ich warte noch und beobachte erst mal den Markt.«

»Das Tier kostet so gut wie gar nichts«, erwiderte der Jäger. »Sie können es für einen Cent das Pfund haben, bei sofortiger Barzahlung, und ich geb' Ihnen noch den nächsten dazu, den ich einfange. Aber der Käufer muß die Ware unverzüglich aus dem Geschäft fortschaffen, damit Platz wird für drei menschenfressende Tiger, einen katzenköpfigen Gorilla und einen Haufen Klapperschlangen.«

Aber der Schausteller ging ganz ruhig weiter und hing harmlosen Gedanken nach wie eine nicht verliebte Jungfer. Daraus, daß ihn der Bär kurz danach einholte und dabei gedankenlos in den Zähnen stocherte, war zu schließen, daß die beiden einander nicht unbekannt waren.

Klaus Modick
Scharlachgeschichte

.... Stunden in der Kindheit,
da hinter den Figuren mehr als nur
Vergangnes war ...
(Rilke)

Bevor sie hinter dem Horizont verschwand, tanzte die Sonne am unteren Rand des Himmels wie ein scharlachroter Ball, und der alte Mann, der in dem Häuschen am Ende der Birkenallee lebte, deutete mit der Hand in den flimmernden Dunst des Abends und sagte, nun werde das Wetter lange schön bleiben. Laura freute sich, denn in ein paar Tagen würde sie sechs Jahre alt werden, und wenn der alte Mann recht behielt (und er hatte sich noch nie geirrt, wenn er über das Wetter sprach), dann konnte ihre Geburtstagsfeier im Garten stattfinden. Laura würde mit ihren kleinen Gästen um den Tisch auf der Wiese sitzen, Apfelkuchen essen und Kakao trinken; dann würden sie spielen und vielleicht sogar zum See am Waldrand gehen, um zu baden. Unter den Kronen der Birkenallee, in denen schon der dunkelblaue Reichtum der Dämmerung schwebte, lief sie nach Hause, hungrig und müde.

Aber als sie mit ihren Eltern und ihrer großen Schwester am Abendbrottisch saß, war sie plötzlich nicht mehr hungrig, sondern nur noch furchtbar durstig, und die Müdigkeit, die eben noch wohlig wie eine weiche, unsichtbare Decke auf ihrem Körper gelegen hatte, fühlte sich nun wund und fadenscheinig an. Ihre Augen sahen verschleiert und stumpf aus, und die Dinge auf dem Tisch schienen sich zu verschieben, der Fußboden schwankte, und in Laura stieg eine große Hitze auf, als ob die Sonne in ihrem Körper untergegangen sei. Sie wollte etwas sagen, aber bevor sie noch die Worte fand, hatte ihre Mutter es längst bemerkt und legte eine Hand flach auf Lauras glühende Stirn.

In der Nacht sprang das Fieber auf 40 Grad. Bunte Muster wogten durchs Zimmer, sammelten sich im Lichtkegel der Lampe und verwandelten die Sorge im Gesicht der Mutter zu hageren Geistern. Dann kam das Rumoren im Magen, als ob dort ein Brummkreisel unregelmäßig rotierte, das Würgen, das Erbrechen, der widerlich saure, grüngelbe Geschmack im Mund. Hinterher fühlte sich Laura leergepumpt und auf unfrohe Weise erleichtert. Sie versank in einen flachen, matten Schlaf wie in eine halbdunkle Höhle, in der es heiß war und deren Wände und Gänge rötlich und gelb leuchteten, aber je tiefer sie hineingeriet, desto heller und kälter wurde es dort, bis schließlich alles weiß war und die Kälte so klirrend wie im Herz eines Gletschers. Laura hörte ein Rasseln und Knacken und Klappern, das von den Wänden der eisigen Höhle widerhallte und immer lauter wurde, so laut, daß sie davon erwachte. Das Zimmer war jetzt ganz durchsichtig, das Gesicht der Mutter hellgrau, das Bett lag wie eine unendliche Schneedecke über Laura, und sie klapperte mit den Zähnen und schüttelte sich im Frost. Wie die Zunge eines Fabeltiers kam ein Löffel mit Medizin auf ihren Mund zu, aber sie wußte, daß sie nicht mehr davonlaufen konnte, weil das mächtige Wesen dieser Krankheit all ihre Glieder in Besitz genommen hatte; Laura schluckte die Flüssigkeit, spürte das Metall des Löffels kühl an Zunge und Gaumen, und das Eis, in dem sie eben noch gelegen hatte, schmolz in zögernden Schlieren ab, um wieder der steigenden Hitze und den warmen Farben Platz zu machen. Schließlich fiel sie in Schlaf und weite Landschaften, in denen sie noch nie zuvor gewesen war. Hier gingen Angst und Geborgenheit Hand in Hand, und das Fremde war wie der lose Saum um etwas sehr Vertrautes.

Am Morgen war das Fieber leicht gesunken. Lauras Zunge fühlte sich pelzig an, denn sie hatte sich mit einem dicken, weißen Belag bedeckt. Die Wangen waren dunkelrot, ließen aber ein blasses Dreieck um den Mund frei, was ihrem Gesicht eine merkwürdig scharfe und trockene Zeichnung gab. Der Körper war mit feinen, roten Fleckchen überzogen, die aus der Ferne wie eine flächige Rötung mit fließenden Abschwächungen wirkten, Kontinente der Krankheit auf dem Meer ihrer Haut, so daß Lauras Mutter längst wußte, was der Arzt diagnostizierte, als er mit seinem Köfferchen kam, das Kind untersuchte und das Urteil verkündete: Scharlach. Drei Wochen Bettruhe.

Laura war schon einige Male krank gewesen, und eigentlich fand sie das Kranksein gar nicht so schlimm. Schön war es natürlich auch nicht, aber es war etwas Besonderes, etwas, das sie wichtig machte, wichtiger als ihre große Schwester jedenfalls; die ihr geltende Sorge umhüllte sie dann wie eine Wolke aus bunter Watte, und all die Zuwendungen und Aufmerksamkeiten, das Frühstück im Bett, die kleinen Geschenke, das Vorlesen von Geschichten, die Besuche von Freundinnen, verwandelten das Krankenzimmer in ein Schloß und machten Laura zur Prinzessin. Und auch diesmal war es nicht anders, zumal Scharlach geheimnisvoll klang, wie nach kostbaren Gewändern aus Seide und Samt, vielleicht gar der Name eines Prinzen sein konnte, ein Wort wie aus Märchen jedenfalls – aber es gab drei Dinge, die alles verdarben.

Schlimm war nämlich, daß nach den verregneten Wochen nun der Sommer gekommen war; der alte Mann hatte natürlich recht behalten, und wenn sie daran dachte, wie nun die anderen Kinder draußen spielten und bald sogar wie ihre große Schwester mit ihren Freundinnen im See badeten, dann war Laura traurig. Und wenn gegen Abend die Sonne warm und lang auf ihr Bett fiel, wurde sie manchmal sogar wütend und wünschte sich Regen. Noch schlimmer war es, daß außer ihren Eltern und ihrer Schwester niemand sie besuchen durfte, denn Scharlach, hatte der Arzt gesagt, ist ansteckend. Anfangs hatte diese Tatsache noch

Lauras Gefühl, eine wirklich wichtige Krankheit zu haben, gesteigert, obwohl sie sich nicht recht vorstellen konnte, was Ansteckung sein sollte. Aber je länger es dauerte, desto langweiliger wurde es. Am schlimmsten aber war, daß ihr Geburtstag vor der Tür stand. Wir feiern, wenn du wieder gesund bist, versprach Lauras Mutter, doch dann wäre ihr Geburtstag längst vorbei, und eine Geburtstagsfeier, die nicht am Geburtstag stattfand, war einfach keine richtige Geburtstagsfeier.

Als sie am Morgen erwachte, stand der Geburtstagskuchen mit den sechs Kerzen neben ihrem Bett, und viele Päckchen. Weil sie krank war, bekam sie sogar ein paar Geschenke mehr, als sie sonst bekommen hätte. Aber es blieb dabei: Ein richtiger Geburtstag war es nicht. Zu einem richtigen Geburtstag gehörte die Feier mit den Freundinnen und Freunden, der große Tisch mit Kakao und Kuchen, die Spiele mit den kleinen Preisen und Gewinnen. Laura war traurig, und zu allem Unglück schien heute die Sonne nicht nur besonders hell und warm, sondern das Fieber stieg auch wieder an, so daß als einziger Gast der Arzt erschien. Das sei lediglich das letzte Aufflackern der Krankheit, sagte er, ein ganz normaler Verlauf. Aber damit konnte er Laura nicht trösten: Sie war traurig, weil sie krank war, und wütend, weil sie traurig war. Vor Wut rührte sie die Geschenke nicht mehr an, und als die Sonne abends über ihre Bettdecke streichelte, weinte Laura und hatte das Gefühl, ganz allein auf der Welt zu sein, von allen vergessen und fast schon nicht einmal mehr richtig lebendig.

Ihr Vater kam ins Zimmer, um Laura Gute Nacht zu sagen, aber sie drehte den Kopf zur Wand und schluchzte und wollte nichts hören.

Sieh mal, was ich hier habe, sagte er, aber Laura wollte auch nichts sehen. Es ist ein Geschenk des alten Mannes, sagte ihr Vater, ich lege es dir aufs Bett.

Der alte Mann ist an allem schuld, dachte Laura, ohne ihn würde es wenigstens regnen, aber als sie hörte, wie ihr Vater wieder die Treppe nach unten ging, war sie doch neugierig auf das Geschenk und drehte sich um. Am Fußende des Betts saß ein Teddybär, weder besonders groß noch besonders klein, und sah sie mit seinen dunklen Glasaugen unverwandt an. Er war offenbar sehr alt, denn sein Fell war an einigen Stellen nicht mehr flauschig, sondern abgeschabt und stumpf, und im ersten Augenblick wurde Laura von einer großen Rührung überwältigt, denn es kam ihr so vor, als ob gerade das Alte diesem Teddybär etwas Lebendiges gäbe. Aber dann erinnerte sie sich daran, daß sie traurig war, und weil sie traurig war, wurde sie wieder wütend, wütend auf den alten Mann, der sich wohl noch über sie lustig machen wollte, indem er ihr so einen alten, schäbigen Teddybären schenkte. Und sie stieß ihn vom Bett, so daß er vors Fenster rollte und dort auf dem Rücken liegen blieb. Die letzten Strahlen der Abendsonne flossen wie Honig durchs Zimmer, und in den Augen des Teddybären leuchtete etwas.

Als Laura erwachte, war es dunkel. Im Arbeitszimmer ihres Vaters mußte noch Licht brennen, denn ein matter Schein, von den Fenstern des Wintergartens gebrochen, drang bis zu ihr herauf. Im Fenster standen Sterne. Tausend bestimmt, dachte Laura, oder Millionen. Auf jeden Fall mehr als es Blätter an den Birken der Allee gibt. Sie glitzerten und schienen Laura zuzuwinken, und sie fühlte sich sehr getröstet, bis ihr einfiel, daß sie ja krank war und deswegen traurig und deswegen wütend sein mußte.

Sie wollte eben den Mund aufmachen, um nach ihrer Mutter zu rufen, als sie eine Stimme hörte, die leise, aber ganz deutlich, ihren Namen rief. Hatte sie sich verhört? Oder waren es nur wieder die wirren Stimmen, die in diesen Tagen und Nächten oft an ihr Ohr gedrungen waren? Wenn sie ihrer Mutter davon erzählte, sagte die, das seien Fieberphantasien, aber mit dem Wort konnte Laura noch viel weniger anfangen als mit den Stimmen selbst, die immerhin da waren, wenn auch unverständlich und beängstigend. Diese Stimme aber rief leise und wie aus ganz weiter Ferne ihren Namen.

Laura, hörst du mich?

Ja, sagte Laura laut und deutlich, und in dem Moment, da sie das sagte, wußte sie, daß der Teddybär sie gerufen hatte.

Sie beugte sich aus dem Bett. Er lag immer noch dort, wohin sie ihn gestoßen hatte, und seine Augen schimmerten im Licht der Sterne.

Du kannst ja sprechen, staunte Laura und hätte fast vergessen, wie wütend und traurig sie eigentlich sein mußte oder wenigstens wollte.

Natürlich, sagte der Teddybär, aber nur in manchen Nächten. Und vor allen Dingen nur dann, wenn Kinder mir zuhören.

Bist du denn lebendig? fragte das Kind.

Nur ein bißchen, seufzte er. Und es ist auch schon lange her. Aber mir ist so kalt hier auf dem Fußboden. Nimm mich doch bitte wieder in dein Bett.

Laura erinnerte sich an ihre Wut, aber sie dachte auch daran, wie schrecklich kalt es in den ersten Fiebernächten gewesen war. Der Teddybär tat ihr fast ein wenig leid, und da hob sie ihn auf und setzte ihn ans Fußende, so daß sich beide gegenseitig anschauen konnten.

Danke, sagte er. Zur Belohnung will ich dir eine Geschichte erzählen. Sie wird dich gesund machen und mich vielleicht noch etwas lebendiger.

Wie meinst du das? fragte Laura.

Das wirst du schon merken. Hör gut zu.

Es ist eine sehr alte Geschichte, begann der Teddybär, und eigenlich ist sie auch nicht von mir. Ich habe sie vor vielen, vielen Jahren einmal zufällig gehört. Wenn ich dir sage, daß der alte Mann damals noch ein kleiner Junge war, kannst du dir vielleicht vorstellen, wie lange das jetzt schon her ist.

An einem Sommertag, der so schön war wie

heute, ging der kleine Junge, der inzwischen längst der alte Mann geworden ist, mit seinen Eltern in einen Zoo. Und weil der kleine Junge seinen Teddybär überallhin mitnahm, war ich auch dabei. Du weißt doch, was ein Zoo ist, nicht wahr? Dort leben Tiere, zwar in Gefangenschaft, aber immerhin leben sie. Nun ja, das ist eine Sache, von der ich nicht genau weiß, ob ich sie traurig oder lustig finden soll. Der kleine Junge fand es damals jedenfalls lustig, das weiß ich noch genau; am lustigsten waren natürlich die Affen, aber auch am Bärengehege gefiel es dem Kleinen sehr, weil die alten Bären gerade Junge bekommen hatten. Die Eltern des kleinen Jungen gaben ihm Erdnüsse, die er in das Gehege werfen durfte, und die jungen Bären sammelten die Nüsse auf. Der kleine Junge hatte mich während des Zoobesuchs immer im Arm gehalten, aber hier am Bärenkäfig legte er mich auf den Boden, um die Hände frei zu haben, wenn er den Bären die Nüsse zuwarf. Und dann ging der kleine Junge mit seinen Eltern weiter, zu den Giraffen oder Elefanten oder Tigern, ich weiß es nicht mehr.

Mich aber ließ er am Gitter des Bärenkäfigs liegen, denn er hatte mich vergessen, einfach vergessen. Kannst du dir das vorstellen? Zuerst fühlte ich mich ganz einsam und verzweifelt, aber dann geschah etwas Merkwürdiges: Ich konnte plötzlich die Sprache der lebendigen Bären verstehen, konnte verstehen, wie die beiden Alten sich träge miteinander unterhielten, über die Hitze schimpften und über das langweilige Essen, das ihnen der Wärter jeden Tag brachte. Und ich konnte auch verstehen, wie die Jungen ihren Vater anbettelten, er möge ihnen doch eine Geschichte erzählen, weil sie sich so langweilten. Der alte Bär war erst mürrisch und wollte nicht, aber die Bärin schubste ihn an und brummte, er solle den Kindern doch den Gefallen tun, und so gähnte der alte Bär, reckte und streckte sich, richtete sich halb auf, und begann zu erzählen:

Es war einmal ein Teddybär, und am Anfang …

Was ist das, ein Teddybär? unterbrachen die Jungen ihren Vater.

Das ist ein zusammengenähtes Bündel aus Stoff und Plüsch, manchmal mit Sägemehl ausgestopft, von dem die Menschen denken, es habe Ähnlichkeit mit uns lebendigen Bären. Die Menschenkinder mögen diese Bündel gern und nehmen sie manchmal sogar mit ins Bett. Aber unterbrecht mich nicht, wenn ich erzähle.

Also, es war einmal ein Teddybär, und am Anfang war er wirklich sehr hübsch, flauschig und plüschig, ein bißchen pummelig dazu, und sein braunes Fell hatte ein paar nette weiße Tupfer. Er hatte blitzblanke Glasaugen, und seine Ohren waren mit scharlachroter Seide ausgenäht. Mit einer großen Schleife aus gelbem Geschenkband saß er eines Weihnachtsabends unter dem Tannenbaum.

Es lagen noch mehr Geschenke unter dem Baum, Spielzeugautos, Bausteine, Sachen zum Anziehen und viele Süßigkeiten, doch der Teddybär war von allem das Beste.

Der kleine Junge, für den diese Geschenke bestimmt waren, liebte ihn sogleich sehr, aber leider nur für eine knappe Stunde. Denn dann kamen allerlei Onkel und Tanten zum Weihnachtsessen, und wieder gab es ein großes Auspacken von Paketen, und in der Aufregung über all diese neuen Geschenke wurde der Teddybär einfach vergessen.

Er lag unter dem Tannenbaum, und das Wachs einer Kerze tropfte ihm auf den Bauch. Dann wurde es still in dem Haus, und als er sich schon ziemlich einsam und verlassen vorkam, hörte er plötzlich Schritte. Sie kamen näher und näher, und der Teddybär freute sich auf seinen neuen Freund. Es war aber nicht der Junge; der lag längst im Bett und wußte vor lauter Geschenken nicht, wovon er träumen sollte; es war die Mutter des Jungen, die aufräumte, nachdem der Besuch sich verabschiedet hatte. Sie packte den Teddybären ziemlich rüde am Arm, trug ihn ins Kinderzimmer und setzte ihn auf die Fensterbank. Da saß er nun etwas fröstelnd und blickte hinaus in die Kälte der wunderbar klaren Nacht. Sterne glitzerten in der dunklen Höhe, der Mond schien voll und hell, und die Bäume im Garten warfen schwarze Schatten in den Schnee. Alle Dinge waren in tiefen Schlaf gefallen, und der Teddybär fühlte sich ziemlich einsam.

Aber das macht nichts, dachte er, morgen werde ich mich schon mit den anderen Spielsachen anfreunden.

Doch in den nächsten Tagen stellte sich schnell heraus, daß es schwierig war, unter den anderen Spielsachen Freunde zu finden. Der Teddybär war etwas schüchtern, und weil er nur aus Stoff war, verachteten einige der teureren und komplizierteren Spielsachen ihn sehr. Besonders die Spielsachen, die man aufziehen konnte, waren sehr eingebildet und hochnäsig, und sie taten immer so, als ob sie wirklich lebendig wären, machten aber nur blechernen Lärm und liefen sinnlos im Kreis herum. Der Teddybär wäre nie auf die Idee gekommen, so zu tun, als wäre er lebendig; er wußte ja nicht einmal, daß es richtige Bären gab.

Nur das alte und kluge Schaukelpferd war freundlich zum Teddybär. Von allen Spielsachen lebte es am längsten in diesem Kinderzimmer und wurde entsprechend geachtet. Es hatte miterlebt, wie immer neue mechanische Spielzeuge ihren lauten Einzug gehalten hatten, eine Weile lärmten, kaputt gingen und bald wieder im Müll verschwanden. Der Zauber eines Kinderzimmers ist sehr, sehr merkwürdig, und nur so weise Spielzeuge wie das alte Schaukelpferd können ihn verstehen.

Was ist »lebendig«? fragte der Teddybär eines Tages das Schaukelpferd. Bedeutet es, daß man irgendwelche Dinge im Bauch hat, die summen und klötern, und daß man mit irgendeinem Schlüssel aufgezogen werden kann?

Das ist eine einfache Frage, sagte das Schaukelpferd, aber die Antwort ist schwer. Lebendig ist etwas, das du dir gar nicht vorstellen kannst. Es läßt sich nicht beschreiben, nicht ausmalen, höchstens erträumen. Man muß es sein, sonst kann man es nicht kennen. Und du müßtest schon sehr viel Glück haben, damit es dir einmal geschieht.

Aber wie denn? fragte der Teddybär und war nun wirklich sehr neugierig.

Wenn ein Kind dich wirklich lieb hat und nicht nur mit dir herumspielt, dann kann es geschehen und du wirst vielleicht lebendig, antwortete das alte Schaukelpferd.

Tut das weh? fragte der Teddybär.

Was?

Liebhaben und lebendig sein.

Manchmal schon, seufzte das Schaukelpferd.

Und passiert es auf einmal, fragte der Teddybär, oder ganz langsam.

Nein, nicht auf einmal, sagte das Schaukelpferd. Es dauert meistens jahrelang. Im allgemeinen ist es so, daß man längst alt und schäbig und mürbe geworden ist, wenn man endlich lebendig wird. Aber das spielt dann keine Rolle mehr. Wenn man lebendig ist, kann man nicht häßlich sein. Nur die Leute, die nichts verstehen, denken so etwas.

Bist du denn lebendig? fragte der Teddybär.

Der Vater des Jungen, dem du zu Weihnachten

geschenkt worden bist, hat mich einmal lebendig gemacht, sagte das Schaukelpferd und seufzte wieder. Aber das ist leider schon sehr lange her …

Auch der Teddybär seufzte. Er konnte sich immer noch nicht vorstellen, was es heißt, lebendig zu sein, aber tief in seinem Inneren aus zusammengepreßtem Stoff und Sägemehl wünschte er sich, es einmal zu werden. So verbrachte er einige Monate schüchtern und unscheinbar im Kinderzimmer und träumte von etwas Unvorstellbarem.

An einem der ersten warmen Sommerabende aber, als der Junge spät zu Bett gegangen war, konnte er den Samthasen nicht finden, der sonst bei ihm schlafen durfte. Die Mutter hatte noch andere Dinge zu tun und keine Zeit, nach dem Hasen zu suchen, und da ihr zufällig der Teddybär unter die Augen kam, hob sie ihn auf und legte ihn dem Jungen aufs Kopfkissen.

Hier, sagte sie, der ist genauso kuschelig.

In dieser Nacht und in vielen Nächten, die folgten, schlief der Teddybär im Bett des Jungen, und mit jeder Nacht gefiel es sowohl dem Jungen als auch dem Teddybär besser. Der Junge sprach mit ihm und baute Höhlen unter den Decken und Kissen, und er sagte, diese Höhlen seien genauso wie die Höhlen, in denen richtige Bären lebten. Der Teddybär war so glücklich, daß es ihm nicht einmal auffiel, wie nach und nach sein schöner, weicher Pelz schäbig, fadenscheinig und dünn wurde, und an der Nase bekam er eine ganz rauhe Stelle, weil ihn der Junge dort immer küßte.

Der Sommer war wunderbar, und der Junge verbrachte die Tage und die langen, hellen Abende mit seinem Teddybär draußen im Garten. Einmal wurde der Junge früh ins Haus gerufen und der Teddybär blieb auf dem Rasen sitzen, bis es dunkel wurde. Er hatte schon Angst, vergessen worden zu sein, aber da kam die Mutter, um ihn zu holen – denn ohne den Teddybär konnte der Junge nicht mehr einschlafen.

Was du bloß immer mit diesem schmuddeligen Teddy hast, schüttelte die Mutter den Kopf. Du hast doch viel schönere Spielzeuge …

So etwas darfst du nicht sagen! rief der Junge. Dieser Teddybär ist kein Spielzeug. Er ist *lebendig*!

Als der Teddybär das hörte, war er so glücklich, daß er vor Aufregung nicht schlafen konnte. Sein Herz, das wahrscheinlich aus Sägespänen war, füllte sich mit einem warmen Gefühl, das er nicht kannte, aber von dem er dachte, daß es vielleicht Liebe sein könnte. Und in seine Glasaugen zog ein feiner Schimmer jener Schönheit, die sich ums Äußere nicht schert und kein Alter kennt.

Hinter dem Haus, in dem der Junge lebte, lag ein Garten, und gleich hinter dem hölzernen, mit Efeu und Knöterich bewachsenen Gartenzaun begann schon der große Wald. Man mußte nur das alte, in den Scharnieren quietschende Tor aufschieben, und schon ging man unter großen Buchen und Eichen, über Moose und Farne, und je weiter man ging, desto dunkler und geheimnisvoller wurde der Wald. Dem Jungen war es eigentlich verboten, allein in den Wald zu gehen, aber solange er sich nur am Rand aufhielt und noch den Gartenzaun sehen konnte, ließen seine Eltern es durchgehen.

Immer, wenn der Junge in diesem Sommer, der gar nicht zu Ende gehen wollte, an den Waldrand zum Spielen ging, nahm er den Teddybär mit. Er baute ihm dann oft zwischen Zweigen ein weiches Nest aus Moos, in das der Teddybär sich einkuscheln konnte und davon träumte, lebendig zu werden, während der Junge etwas weiter in den Wald hineinging, um Beeren oder Pilze zu suchen.

Eines Abends nun sah der Teddybär zwei sehr seltsame Wesen aus den hohen Farnbüscheln kriechen. Es waren offensichtlich auch Teddybären, aber sie waren noch ganz neu, denn ihre Nähte waren noch nicht sichtbar. Das Merkwürdigste aber war, daß sie ihre Form veränderten, wenn sie sich bewegten. Es mußte sich um eine ganz neumodische Art von Teddybären handeln.

Komm aus deinem Nest und spiel mit uns, brummelte einer der beiden dem Teddybär zu.

Ach, ich hab grad keine Lust, sagte der Teddybär, was nicht ganz ehrlich war; denn Lust zu spielen hatte er schon, aber er wußte nicht, wie er sich bewegen sollte.

Kannst du auch auf einem Bein hüpfen, fragte

jetzt der andere, und die beiden fingen auch gleich zu hopsen und zu hüpfen an, daß der Teddybär am liebsten aufgesprungen wäre und mitgemacht hätte. Aber er konnte es nicht, so sehr er sich es wünschte.

Ich will gar nicht hüpfen, sagte er trotzig.

Aber echte, lebendige Bärenjunge haben schon sehr scharfe Augen: Er kann seine Beine gar nicht bewegen! rief der eine.

Kann ich wohl, sagte der Teddybär. Ich sitze hier aber gerade so gemütlich.

Dann beweis es doch, rief der andere, sieh mal, so! Und er begann, mit seinem Bruder im Kreis zu tanzen.

Tanzen find ich blöd, sagte der Teddybär, aber er hätte natürlich alles darum gegeben, wenn er jetzt hätte tanzen und hüpfen und hopsen können, und er war sehr traurig.

Der etwas größere und wohl ältere der beiden traute sich jetzt so dicht an den Teddybären heran, daß seine Nase fast die des Teddybären berührte. Er schnüffelte und schnuffelte, und dann rief er plötzlich: Der ist ja gar nicht lebendig!

Doch! Ich bin lebendig! rief der Teddybär. Der Junge hat es selbst gesagt.

In diesem Moment kam der Junge zurück, und die beiden kleinen Bären verschwanden schnell im Gebüsch.

Kommt zurück und spielt mit mir! rief der Teddybär, und wenn er gekonnt hätte, hätte er jetzt geweint, um seine Lebendigkeit zu beweisen. Ich weiß, daß ich lebendig bin, flüsterte er, als der Junge ihn auf den Arm nahm, ohne ihn hören zu können.

Der Sommer ging vorbei, aber der Junge und der Teddybär blieben die besten Freunde. Der Herbst kam, das Laub in Garten und Wald färbte sich bunt, dann begann es zu stürmen und zu regnen, und die Blätter fielen und fielen. Das Fell des Teddybären wurde immer fadenscheiniger; überall konnte man die Nähte sehen, die ihn zusammenhielten, und an der Stelle an der Nase kam schon etwas Stoff von innen zum Vorschein. Aber dem Jungen war das nicht wichtig.

Eines Tages aber wurde er sehr krank. Er bekam hohes Fieber, sein Körper und sein Gesicht färbten sich rot, und um die Mundwinkel erschien ein weißes Dreieck, wodurch das Gesicht des Jungen ganz scharf und spitz aussah. In den Fiebernächten wurde der Junge abwechselnd kalt, so daß der Teddybär neben ihm fror, und dann wieder so glühend heiß, daß der Teddybär das Gefühl hatte, verbrannt zu werden. Ab und zu erschien ein Arzt im Krankenzimmer, und nachts brannte immer eine dämmrige Lampe, und während der ganzen Zeit lag der Teddybär in seinem Versteck unter der Bettdecke. Er wußte, daß der Junge ihn jetzt mehr als je zuvor brauchte, und er hatte das Gefühl, daß auf dem langen und schwierigen Weg zur Lebendigkeit eine Krankheit wie diese ein wichtiger

Schritt war. Und bald darauf fiel das Fieber auch wieder und dem Jungen ging es besser. Er konnte nun wieder aufrecht im Bett sitzen, lesen und spielen, und der Teddybär war immer dabei und kuschelte sich ganz eng an ihn.

Schließlich konnte der Junge wieder aufstehen, aber der Arzt sagte, er müsse sich noch schonen, und er empfahl den Eltern, mit dem Kind an die See zu fahren. Als der Teddybär das hörte, freute er sich – einen Wald kannte er ja schon, und nun würde er also auch das Meer kennenlernen. Das Krankenzimmer mußte jedoch desinfiziert werden, und all die Dinge, mit denen sich der Junge im Bett beschäftigt hatte, sollten verbrannt werden, damit sich niemand mit der Krankheit anstecken konnte.

Und natürlich entdeckte die Mutter als erstes den Teddybär, zog ihn mit spitzen Fingern aus den Kissen und hielt ihn dem Arzt vors Gesicht.

Muß der auch verbrannt werden? fragte sie. Der Junge hängt doch sehr daran.

Aber selbstverständlich, sagte der Arzt streng. Der ist doch voll mit Scharlachbakterien. Am besten, Sie verbrennen ihn sofort.

Der Teddybär konnte sich nicht vorstellen, was es heißt, verbrannt zu werden, aber er wußte, daß es etwas Schreckliches war und mit Sicherheit kein Weg, um lebendig zu werden. Er wurde mit Büchern, Malstiften, einer Blechmaus zum Aufziehen und vielen anderen Dingen in einen großen

Sack gestopft. Der Vater des Jungen warf den Sack neben einen Laubhaufen hinten am Gartentor und sagte, morgen werde er alles zusammen mit dem Laub und den alten Ästen verbrennen.

Der Sack war aber nicht zugebunden, so daß der Teddybär herauspurzelte, als der Vater den Sack zu Boden warf, und so lag er nun zwischen den nassen Blättern, in denen immer noch der Geruch des vergangenen Sommers hing. Es war dunkel und kalt, und ein feiner Regen fiel.

Der Teddybär war entsetzlich traurig. Wozu soll es gut sein, lebendig zu werden, wenn alles so endet? dachte er, und während er das dachte, wurde es um seine Augen herum ganz naß. Es war aber nicht der Regen, sondern es waren Tränen, richtige, lebendige Tränen, und trotz der Kälte um ihn herum spürte der Teddybär in sich langsam eine Wärme aufsteigen, die er noch nie zuvor gespürt hatte.

Die Regenwolken waren inzwischen abgezogen und ein sehr runder, freundlich blickender Mond stand am Himmel. Plötzlich hörte der Teddybär ein Rascheln und Tapsen, das vom Gartentor näher kam, direkt auf ihn zu. Dann schnüffelte etwas an seiner Nase herum, er spürte warmes Atmen, und dann stupste ihn eine weiche Tatze sanft auf den Rücken.

Warum liegst du hier herum, brummelte eine tiefe Stimme, wir haben dich schon überall gesucht.

Der Teddybär drehte sich um, er drehte sich tatsächlich um, er stand auf, er stand tatsächlich auf, und er wunderte sich nicht einmal darüber, daß er sich bewegen und laufen konnte. Und dann lief er hinter der Bärenmutter her in den Wald hinein, tiefer und immer tiefer, bis sie endlich an eine Lichtung kamen, auf der das Mondlicht weiß und freundlich ausgebreitet lag wie ein Teppich. Dort warteten die Bärenjungen, die er schon kannte, hopsten und hüpften und tanzten, und der Teddybär, der nun kein Teddybär mehr war, hopste und hüpfte und tanzte mit.

Viele Jahre vergingen. Der kleine Junge war längst ein Mann geworden und die drei Bärenjungen große und starke Bären, die auf der Suche nach Nahrung den Wald durchstreiften. Der Mann, der einmal der kleine Junge gewesen war, ging eines Tages, wie er es manchmal tat, in den Wald auf die Jagd. Er gelangte an eine Lichtung und sah auf der gegenüberliegenden Seite einen Bären, der ihm den Rücken zukehrte und ihn noch nicht bemerkt hatte. Der Mann hob sein Gewehr, legte an und zielte, aber in dem Augenblick, als er abdrücken wollte, drehte der Bär sich um und sah ihm ins Gesicht. Plötzlich erinnerte sich der Mann an Stunden in seiner Kindheit, die er fast schon vergessen hatte; er ließ das Gewehr sinken und winkte dem Bären zu, und bevor der sich gemächlich umdrehte und langsam im Unterholz verschwand, schien es dem Mann so, als winke der Bär zurück.

Laura war jetzt sehr müde und konnte kaum noch die Augen offenhalten. Auch das Licht im Arbeitszimmer ihres Vaters war längst erloschen, und nur noch der weiche Schimmer der Sterne und einer ganz dünnen Mondsichel erleuchtete den Raum. In diesem Zwielicht sah es so aus, als ob sich der Teddybär am Fußende ihres Betts dehnte und streckte. Auf jeden Fall gähnte er und sagte, nun sei er müde und wolle schlafen.

Hat dich denn der Junge, der jetzt der alte Mann ist, am Bärenkäfig wiedergefunden? fragte sie schon im Einschlafen.

Natürlich, brummte der Teddybär, sonst läge ich jetzt doch nicht neben dir. Gute Nacht.

Am nächsten Morgen, wenn Laura erwacht, wird der Teddybär neben ihrer Wange auf dem Kissen liegen. Und das Fieber wird fort sein, nur noch eine wolkige Erinnerung. Bald wird Laura aufstehen dürfen und wieder draußen spielen. Das Wetter wird dann immer noch so schön sein, wie der alte Mann es versprochen hat. Und dann wird sie mit dem Teddybär im Arm die Birkenallee hinunterlaufen und dem alten Mann die Geschichte erzählen, die ihr der Teddybär erzählt hat. Und wenn sie der alte Mann fragen wird, ob sie dem Teddybär einen Namen gegeben hat, dann wird Laura vielleicht sagen: Scharlach.

(Für Marlene und Emily)

Peter F. Weber

Die Bären sind los

Österreich im Bärenglück:
Drei verwaiste Jungbären haben den Winter überlebt – andere klauen Äpfel und plündern Bienenkörbe

In der kleinen Ortschaft Göstling ist Martin Terschi seit kurzem ein Star. »I bin zirka hundert Meter die Straße runtergefahren«, erzählt der Niederösterreicher schmunzelnd, »plötzlich seh' ich einen Bären direkt neben meinem Auto rennen.« Die abgelegene Straßenstelle war dem Jäger zwar als Wildwechsel bekannt, doch an einen derart wilden Wechsel hatte der 25jährige nicht im Traum gedacht. »Das Viech war so klein, daß ich aus dem Auto g'stiegen bin und mit ihm g'redet habe«, erinnert sich Terschi. Eine ganze Weile hätten sie einander gegenübergestanden und diskutiert – so von Mensch zu Bär, Aug' in Aug'. Dann gab das zirka vierzig Kilogramm schwere Bärenkind wieder Fersengeld, ab in den sicheren Wald. »Ein bißchen einseitig war das Gespräch allerdings schon«, stellt Terschi nachträglich fest.

Doch trotz des flüchtigen Monologs an diesem denkwürdigen 31. März des Jahres 1994 freute sich ganz Österreich – erst recht, als kurze Zeit später zwei weitere junge Bären gesichtet wurden.

Denn die drei Bärenkinder sind seit dem vergangenen Herbst verwaist. Ihre Mutter, die Bärin Mira, war in den Bergen abgestürzt. Daß alle drei Bärenwaisen ohne Schutz und die Erfahrung der Mutter den Winter überleben würden, hatte kaum ein Experte erwartet. »Aus dem bärenreichen Kroatien wissen wir, daß selbst unter natürlichen Umständen nur fünfzig Prozent der Jungen das erste Jahr überleben«, freut sich Erhard Kraus vom World Wide Fund For Nature (WWF). Das monatelange Bangen, ob die drei Bärenwaisen nach dem Winter überhaupt wieder aus ihrer Höhle kriechen würden, war mit Terschis Entdeckung beendet. In großen Schlagzeilen bejubelten die österreichischen Medien das »Frühlingswunder am Ötscher«. Den »Kindern der Nation« wurde eine Anteilnahme zuteil, die in der Vergangenheit durchaus unüblich gewesen wäre.

Denn jahrhundertelang wurde der Bär verfolgt und gejagt, wo immer er die Flinte eines Menschen kreuzte. Am 29. Juni 1842 blies schließlich der Holzknecht Maximilian Reiter in einer hellen Mondnacht dem letzten Bären Österreichs im Gebiet des Dürrenstein das Lebenslicht aus.

Schicksal oder Zufall: das wildromantische, dichtbewaldete Gebirge rund um den Lunzer See scheint damit für Braunbären eine geschichtsträchtige Gegend zu sein. Denn hier war es, wo 1972 erstmals wieder ein Bär in Österreich gesichtet wurde. Als der »Ötscherbär« tappte er fortan durch die alpenländische Medienlandschaft. Kaum jemand in der Bevölkerung wußte wirklich, ob er anstatt eines real existierenden Tieres nicht bloß eine hochsommerliche Zeitungsente war.

Doch den »Alten«, wie der Zoologe Jörg Rauer den Ötschbären respektlos nennt, gab es tatsächlich. Zum einen konnte man inzwischen von seinen Spuren – tellergroßen Pranken – Gipsabdrucke anfertigen, zum anderen war die damals dreijährige Mira vom WWF kaum freigelassen, auch schon geschwängert.

Mira war in Kroatien gefangen worden und im Zuge einer Wiedereinbürgerungsaktion in Österreich mit einem batteriebetriebenen Sender am Lederhalsband wieder ausgesetzt worden. Eingelebt hatte sie sich offenbar recht schnell. Nach kurzen, anfänglichen Erkundungsmärschen in den umliegenden Bergen blieb sie die folgenden Jahre zumeist im Bereich ihres Freilassungsortes. Erhard Kraus, der mit Mira immer »auf Sendung blieb«, sah das als Zeichen, daß es »... auch bei uns noch guten Lebensraum für Bären gibt«. Schließlich brachte Mira drei Junge zur Welt, und für die Forscher stand der Vater fest: es war der Ötscherbär. »Wer soll es sonst gewesen sein, wenn nicht der Alte?« fragte der krausbärtige Zoologe Rauer.

Vier Jahre nach ihren ersten Schritten in Österreich fand Mira allerdings ein tragisches Ende. Die Bärenmutter stürzte nahe des Wallfahrtsortes Mariazell über einen Berghang. »Vier gebrochene

Rippen hatten Miras Lungen durchbohrt, so daß sie innerlich verblutete«, berichtete Erhard Kraus.

Doch mit den im Frühling aufgewachten drei Bärenwaisen ist Österreichs Bärenwelt wieder in bester Ordnung. Inzwischen weiß man auch, daß *Ursus arctos* hier vielleicht nie vollständig verschwunden ist. Denn immer wieder drängt Meister Petz aus dem benachbarten Slowenien und Kroatien über die Grenze. »Vermutlich waren sie in Österreich nie ganz ausgestorben«, glaubt der Zoologe Bernhard Gutleb, der seit drei Jahren die Braunbärenpopulation in Kärnten untersucht. »Infolge der Bejagung wurden die Tiere allerdings so vorsichtig, daß sie über ein Jahrhundert kein Mensch zu Gesicht bekam.« Ursus arctos, das mit Abstand größte Landraubtier Europas, lebte demnach mehr als ein Jahrhundert inmitten unserer modernen Industriegesellschaft, ohne von einem Menschen wahrgenommen zu werden.

Schätzungsweise zehn der braunbepelzten slowenischen Zuwanderer leben heute im südlichsten Bundesland Kärnten, zwischen dem Gailtal und dem Weißensee. Zumindest ein weiterer, von der Bevölkerung aufgrund seiner Marathonwanderungen liebevoll »Nurmi« genannt, macht im steirisch-oberösterreichischen Seengebiet durch gelegentliche Plünderungen von Bienenstöcken und Obstvorräten von sich reden. Erst jüngst hat Nurmi den Landwirt Josef Leichtfried um fünfzehn Kilogramm Äpfel erleichtert. »Das Kellerfenster war eingedrückt und davor waren die Spuren von den Pranken«, erinnert sich der Bauer amüsiert. »Er wird halt an Hunger gehabt haben.« In manchen Nächten tritt der apfelliebende Nurmi allerdings an so weit auseinander liegenden Orten in Erscheinung, daß die Bärenexperten bereits an die Existenz von mehreren Nurmis denken.

In dem Gebiet rund um die Touristen-Hochburg Mariazell leben mit der 1992 vom WWF ausgewilderten Cilka und dem im Frühjahr 1993 freigelassenen Djuro bereits rund zehn Braunbären. Davon sind sechs im Ötschergebiet zur Welt gekommen. »Fünfzig Bären können problemlos in den Ostalpen leben«, schaut der Zoologe Erhard Kraus erwartungsvoll in eine bärenreiche Zukunft. Erst dann sei seiner Meinung nach die Bärenpopulation halbwegs vor dem Wiederaussterben gesichert.

Insgesamt leben bereits über zwanzig Braunbären in mehr oder weniger abgeschiedenen Gebieten Österreichs. Sei 1993 kommt es zu einer wahren Explosion von Bärensichtungen auch aus der Bevölkerung, so daß die Wildtierforscher die Bestandszahlen relativ genau abschätzen können. Fast wöchentlich melden Waldarbeiter eine Begegnung auf einer Forststraße, und Bauern sehen sich um ein, zwei Eimer voll Äpfel ärmer.

Spuren und Losungen sind weitere untrügliche Zeichen, daß der Bär wieder auf dem Vormarsch nach Mitteleuropa ist. »Ein Schutzprojekt für die weit umherwandernden Braunbären muß daher sinnvollerweise gesamtalpin sein«, mein Wolfgang Schröder, Vorsitzender der Wildbiologischen Gesellschaft München e.V. Die Sicherung der uralten Wanderrouten, die seit jeher eine Verbindung zwischen den Bärenpopulationen in Kroatien, der slowakischen Mala Fatra und dem italienischen Trentino herstellten und damit auch für den genetischen Austausch sorgten, bewertet der Wildtierforscher daher als besonders wichtig. Mehrspurige Autobahnen zerschneiden diese Wanderkorridore und stellen für Bären oft unüberwindliche Hindernisse dar. Schröder fordert daher, bärengerechte Brücken und Unterführungen zu planen.

Aus einer stabilen Bärenpopulation in den Ostalpen könnte der eine oder andere Ötscherbär vielleicht einmal gegen Norden aufbrechen. Die Wiederbesiedelung Mitteleuropas durch einstmals stark verfolgte Großräuber scheint heute jedenfalls wieder möglich.

Bärensache – Ehrensache

Nur noch 15 Braunbären leben in den österreichischen Alpen, in den deutschen kein einziger mehr. Der ständig zunehmende Touristentrubel und immer mehr Straßen haben den wanderlustigen Bären das Leben in der eng gewordenen Bergwelt unmöglich gemacht. Um diese Tiere vor dem endgültigen Aussterben zu bewahren, haben sich jetzt drei Naturschutzverbände zusammengetan: die Wildbiologische Gesellschaft München (WGM), die Stiftung Europäisches Naturerbe und der WWF Österreich wollen Spender animieren, Patenschaften für die dicken Braunen zu übernehmen – nach dem Motto »Bärensache – Ehrensache«. Mit diesem Geld sollen zum Beispiel Bärenbrücken und -tunnel gebaut werden, um die Wanderkorridore der Tiere vor der Zivilisation zu schützen. Auf diese Weise, so hoffen die Naturschützer, wird die Zahl der Braunbären in den nächsten Jahrzehnten wieder kräftig steigen. Genaue Informationen über die *Bärenpatenschaft* gibt die Wildbiologische Gesellschaft München. e. V., Postfach 170, 8103 Oberammergau.

Aus der BRIGITTE

Günther Nenning

Der Mensch muß ein Bär sein

Arktophilie ist die neueste Perversion: Liebe zwischen Mensch und Bär (griechisch »arktos«). Aber diese Bärenliebe ist in Wahrheit uralt wie alle Sodomie. Schon in der Eiszeit trieben die Jäger Beischlaf mit dem erlegten Bären, um teilzuhaben an seiner Göttlichkeit. Wir getrauen uns solche Intimität nicht mehr, womöglich haben auch Bären schon Aids. Wir treiben Safe Sex mit Teddybären.

Sie sind plötzlich wieder allgegenwärtig. Neue kosten ziemlich was, alte sind schon unbezahlbar. Für einen guterhaltenen verlangen Antiquare fünf- bis sechsstellige Summen, und zwar desto mehr, je kleiner der Bär. Spezialhändler und Sammler steigern sich wechselseitig auf Auktionen. Der Teddymarkt boomt.

Wenn unsere Kinder den teuren Teddy aufschlitzen, gehen dessen letzte Gedanken sicher ins alte Sibirien. Dort wurde der erlegte Bär umtanzt, besungen, verehrt. Ehe man sich von seinem Fleisch was abschnitt, küßte man ihn auf die Schnauze und nannte ihn Bruder. Beim Fellabziehen sang man: »Wir knöpfeln nur deinen Pelz auf, weil's heute so warm ist.«

Im Lied wurde der Bär in den Himmel geschickt mit dem Ersuchen, die Große Bärenmutter möge doch bitte weitere Bären zum Braten schicken. Ausführlich entschuldigte man sich, daß man ihn töten mußte, um selber zu leben.

Heute entschuldigen wir uns für gar nichts. Wir morden, rotten aus, machen alles kaputt. Doch in dem Maße, in dem wir den Bären ausrotteten, rettete er sich in unser Herz. Dort ist sein sicherstes Naturschutzgebiet.

Immerhin, außer den industriell erzeugten Teddies gibt's auch schon Bio-Bären. Sie leben in der freien Natur, stellvertretend für uns. Der WWF importiert sie aus balkanischen Gegenden und setzt sie in unseren Alpen aus. Wie anderes modernes Spielzeug auch ist der Bio-Bär mit Elektronik ausgestattet, aber der Bär, dieser Uraltintelligenzler, streift den ihm umgeschnallten Peilsender am nächsten Baum ab, und man weiß nicht mehr, wo er ist.

Der Geschlechtsverkehr des in der Steinzeit zurückgebliebenen Jägers mit dem Bären liegt nahe: Arktophilie ist Homophilie. In Wahrheit – und diesen Fortschritt der Erkenntnis brachte uns den Teddy! – ist die Liebe zum Bären die Liebe des Menschen zu sich selbst. Denn der Mensch ist seiner Abstammung nach ein Bär. Dies behaupten die alten Bärenjäger, und noch der griechische Weise Pythagoras versinnbildlichte es, indem er sich stets von einem Bären begleiten ließ.

Indem unser Teddybär diverse menschliche Gewänder trägt, diverseste menschliche Tätigkeiten ausübt, mit durchschlagendem Erfolg als Mann, Frau, Kind auftritt, bezeugt er: Bär und Mensch sind identisch. Der Mensch ist ein Bärenmensch, der Bär ist ein Menschenbär, und keine Macht kann Mensch und Bär voneinander scheiden. Der Mensch ist ein Bär ist ein Mensch.

Ja, du liebst deinen Teddy wie dich selbst, und du liebst deinen Teddy mehr als alle anderen Menschen, insbesondere deine Anverwandten. Der Teddy ist dein Alleranverwandtester. Der Bär ist du.

Unsere Welt aus Tod, Gift und Müll ist wirklich nicht so schön, daß man ohne Teddy auskommen könnte. Meiner ist 72 cm groß und heißt Julius. Er war schon im Müll, die Geschichte seiner wunderbaren Rettung erzähle ich ein andermal. Er ist noch sehr stattlich. Wir leben schon lange miteinander. Ich kann bestätigen, daß wir identisch sind. Ich bin Julius Bär.

Daß es wieder so viele Teddybären gibt, ist keine Modetorheit, sondern entspringt der verborgenen Weisheit der Wiederkehr des Notwendigen. Der Bär, und sei er aus Plüsch, wendet die Not des Menschen in Glück, und sei es ein plüschernes. Ach, erst die Umarmung mit wirklichen Bären brächte uns wirkliches Glück!

Im übrigen vermehren sich die Teddybären auch deswegen wieder so, weil auf Dauer die enorme Fruchtbarkeit des Bären nicht unterdrückt werden kann. Er galt bei den alten Jägervölkern als extrem geschlechtskräftig. Noch im Mittelalter sind die Bären – auf Kapitellen romanischer Kirchen – als Verkörperung der Wollust und Ausschweifung gemeinsam mit dem Teufel zu finden. Bären sind besonders sexy.

Die Esten meinten, der Bär ähnle einem jungen Mädchen. Seine Brüste seien die einer Jungfrau. Bei den nordsibirischen Völkern sagte man: Der Bär ist wie eine Frau. Bei anderen Jägerstämmen hieß es: Häutet man den Bären, kommt eine nackte Frau zum Vorschein.

Unser Teddy, der männlich ist, hat also eine Geschlechtsumwandlung hinter sich. Er hat sich unserer kaputten Männerwelt angepaßt, die nichts mehr weiß von der Großen Bärenmutter. Aber am Himmel leuchtet sie noch, gegen Norden, wo die Arktis liegt (zu griechisch »arktos«, Bär). *Der* Große Bär, das Sternbild, ist in manchen Sprachen immer noch weiblich (französisch »L'Ourse majeure«, die große Bärin, desgleichen im Italienischen und Spanischen). Daß mein Teddy erst um 1902 erfunden wurde von Margarethe Steiff, deutsche Spieltierproduzentin, und seinen Namen bekam von Theodore (»Teddy«) Roosevelt, Bärenjäger und US-Präsident, glaube ich nicht. Nein, mein Julius ist von uraltem Adel, Nachfahre der großen Bärengöttin Artemis (in deren Namen »arktos«, der Bär, steckt). Zum Fest der Artemis brachten die Athener ihre Kinder in Bärenfellen – umgekehrte Teddybären, nicht Bären in Menschenkleidern, sondern Menschen in Bärenkleidern.

Noch ragen Nachrichten in unsere Zeit von der Gleichheit zwischen Mensch und Bär. Aus Slowenien gibt es ein Märchen von der Gräfin, die aus dem Schloß in den Wald zog. Ihr Mann war nämlich ein Trinker und ihr Liebhaber ein Bär. Doch ein frommer Einsiedler nahm Anstoß. Er reiste nach Rom und erwirkte für seinen besten Freund, den Bären, welcher als echter Slowene ein guter Katholik war, eine Heiratsdispens unter gleichzeitiger Lösung des Ehebandes mit dem Grafen, und zwar wegen dessen »impotentia coeundi«, wie dies im Kirchenrecht heißt, während der Bär keine Potenzprobleme hatte. Er zeugte mit der Gräfin eine größere Zahl hübscher Kinder.

In San Romedio ist immer noch ein Bär, freilich in einem Käfig. Er hört auf den lächerlichen Namen Charly. Im ständigen Hin-und-her-Laufen hinter den Stäben denkt er an die Zeit, da er noch selber ein Heiliger war, oder auch, daß er lieber als hier im Käfig irgendwo auf einem Sofa ein Teddy wäre.

Heilige Bären bauten einst Klöster, so auch das schweizerische St. Gallen. Der heilige Gallus, ein Ire, errichtete es um 614 gemeinsam mit einem Bären, wie dortselbst zu sehen auf einem um 900 geschnitzten Elfenbeinrelief.

Mein Bär Julius ist hingegen kein Heiliger. Er war einst mit H. C. Artmann unterwegs, als dieser seine berühmte Ballonreise rund um die Welt unternahm, die er so meister- und schwindelhaft schildert in seinem »Aeronautischen Sindtbart«. Man kennt ja die Sinnlichkeit der Bärennatur: Mein Julius war geschwinder als Artmann bei einer exotischen Schönen. Artmann, der als nächster ihr beilag – alles mußte sich streng im Finstern abspielen –, wurde von dem Mädchen mit den Worten begrüßt: »Ach, das ist gut, mein Freund, daß du nochmals zu mir kommst und jetzt deinen Pelz abgelegt hast, er war doch gar zu warm.«

Noch war nicht die Rede von der Grazie meines Teddys Julius. Sie kommt der des lebendigen, angeblich plumpen Bären gleich. Obwohl der Teddy ja nur das ist, was Kleist in seinem Aufsatz über das Marionettentheater den »Gliedermann«, nennt. Die Grazie zeige sich, meint Kleist, »in demjenigen Körperbau am reinsten, der gar keins oder ein unendliches Bewußtsein hat, d. h. in dem Gliedermann oder auch in dem Gott«.

Der Bär ist beides, Teddy und Gott, daher seine doppelte Grazie. Mein Julius, seiner Bärengöttervorfahren gedenkend und seine Teddyglieder streckend, liebt Kleists Geschichte von dem Bären, der dem besten Fechter überlegen ist:

Den schnellsten Stoß des Rapiers wehrt er souverän mit der Tatze ab. Auf Finten aber reagiert er gar nicht. Denn er liest in der Seele des Fechters, daß der nur schwindelt. Der Bär, sagt Kleist, sei »der beste Fechter der Welt«.

Mein Bär Julius ist anders, er ist Vegetarier – gesprochen klingt das mißverständlich, er verzehrt keinerlei Menschen, ob sie Fleisch fressen oder Gemüse, ist ihm egal. Er ißt überhaupt kein Fleisch. Vielleicht in der Hoffnung, daß, als Gegenleistung, auch er nicht gegessen wird.

Bärenfleisch ist sehr schmackhaft. Dennoch widerrät schon die heilige Hildegardis von Bingen (gestorben 1179) dem Genuß von Bären wegen der besonderen Fleischeslust, die im Bären steckt und sich auf den Bärenesser weiterpflanzt.

»Sein Fleisch«, notiert die Heilige, »ist dem Menschen nicht gut zu essen, dieweilen es ihn zu sinnlicher Gier entflammet.«

Der Ratschlag ist aktuell. Der Bär war bis vor kurzem in Europa noch am Aussterben. Er hat sich aber zufolge Unterschutzstellung wieder vermehrt, in der Slowakei und Slowenien so stark, daß er dort wieder gejagt und gegessen wird.

Mein Julius scheint das erfahren zu haben. Bären haben ihr eigenes, geheimnisvolles Kommunikationssystem, und er ist beunruhigt. Daher stimmt er der hl. Hildegard herzlich zu, die fortfährt: »Ähnliches bewirkt auch das Schweinefleisch und auch das Fleisch manch anderer Tiere, aber doch nicht so unmäßig wie das Bärenfleisch, das die Sinnlichkeit im Menschen sich wie ein Mühlrad wälzen läßt.«

Zum Abschluß die Geschichte von Tina, dem Teddymädchen, eine irre Geschichte, die der Diskretion bedarf: Einem jungen Mann erzählten Julius und ich den Mythos, daß unter dem Pelz eines jeden Bären eine Jungfrau verborgen sei. Er, nicht faul, schnitt darauf seinen Teddy Tina auf, um nachzuschauen.

Tatsächlich, es war eine Jungfrau drin. Die Gattin des jungen Mannes überraschte die beiden in flagranti auf dem Sofa. Nach den Mühen der Scheidung leben nun Tina, Teddy, aber nicht mehr Jungfrau, und der junge Mensch überaus glücklich miteinander. In häuslichen Streitigkeiten drohe ich seither mit Erfolg: »Schluß nun, oder ich schneide den Julius auf!«

Alain Claude Sulzer

Stumme Trauer

Sechs Tage nach dem Tod ihres Gatten, zwei Tage nach der Beerdigung, die im engsten Familienkreis stattgefunden hatte, zu dem ich ja nicht gehörte, rief mich Frau Ebert an und lud mich ein, mit ihr und ihrem Sohn die Gans zu essen, die sie am Tag des Ablebens ihres Hermann hatte zubereiten wollen, wozu es aus verständlichen Gründen nicht mehr gekommen war. Nach seinem völlig überraschenden Tod – niemand, weder sie noch ihr Hausarzt hatten damit gerechnet – war Frau Ebert nichts anderes übriggeblieben, als die frische Gans im Gefrierfach ihres nicht mehr neuen Kühlschranks aufzubewahren, in dem sie sie allerdings nicht allzu lange lagern durfte. Da das Gefrierfach mit derlei großen Stücken überfordert war, sah sich die Witwe dazu gezwungen, sie aufzutauen und zu verarbeiten. Ich sagte zu, sie am nächsten Abend zu besuchen, obwohl mir der Gedanke keineswegs angenehm war, im Kreis trauernder, mir im Grunde fremder Hinterbliebener Gans und Rotkohl essen zu müssen. Frau Ebert, das fiel mir auf, klang am Telefon nicht anders als sonst; ihre Stimme wies keine ungewohnte dramatische oder sentimentale Färbung auf, wie man es, angesichts der Tatsache, daß sie einst beim Theater gewesen war, von ihr hätte erwarten können. Da sie einen gefaßten und ruhigen Eindruck machte, sagte ich mir, daß, diesen zu erwecken, möglicherweise Teil einer Rolle war, die sie nur spielte, um ihre Trauer leichter ertragen zu können.

Wir hatten bis vor etwa zwei Jahren im selben Haus gewohnt und seit meinem Umzug nur losen Kontakt gehalten, sofern man die gelegentlichen zufälligen Treffen, vor allem auf dem Markt, so nennen durfte. Frau Ebert, deren grelle Aufmachung stets Aufsehen erregte, hatte, wie sie selber meinte, die Figur eines jungen Mädchens und die Haut einer Vierzigjährigen, nachdem sie sie (oder doch Teile davon) seit etlichen zwanzig Jahren – ich schätzte sie auf fünfundsiebzig – regelmäßig nachbessern ließ, wie sie das ganz offen nannte. Hals und Hände waren die einer Greisin und stets behangen und beringt. Sie trug gern Zitronengelb zu Grün, Türkis zu Granat, hochhackige Schuhe und Netzstrümpfe und manchmal sogar künstliche Wimpern; lauter Dinge also, die darauf hindeuteten, daß sie sich offensichtlich über ihre Wirkung nicht im klaren war. Wenn man sich mit ihr unterhielt (sie hatte einen starken schwäbischen Akzent), wirkte sie dagegen völlig normal, beinahe bieder. Sie verleugnete ihre kleinbürgerliche Herkunft keineswegs, auch wenn sie immer wieder auf ihre große Zeit am Augsburger Stadttheater zu sprechen kam, wo sie, nach einigen Jahren »in der

Provinz«, gemeinsam mit ihrem Mann, einem, wie sie behauptete, seinerzeit sehr gefragten Spieltenor, fünfzehn Jahre lang engagiert gewesen war und alle bedeutenden Rollen des damals noch mit großer Sorgfalt gepflegten Operettenrepertoires gespielt hatte. Da ich die Operetten nicht kannte, von denen sie erzählte, mußte ich ihr glauben, daß sie mit ihren Giudittas, Pericholes, Adeles, vor allem aber mit ihrer Hanna Glawary wahre Beifallsstürme im Stadttheater von Augsburg ausgelöst hatte. Mit fünfzig, als sie spürte, daß die Kraft und die Dehnbarkeit ihrer Stimmbänder nachzulassen begannen, verabschiedete sie sich (»... im richtigen Augenblick ...«) von der Bühne (und begann sich zu liften). Ihr Mann, der Spieltenor, hatte sich bereits einige Jahre zuvor von der Bühne zurückgezogen und ein kleines, später vergrößertes Sportgeschäft eröffnet, in dem auch sie hin und wieder, wenn sie gerade keine Rolle einstudieren mußte, ausgeholfen hatte. Vor zwei Jahren war der Laden geschlossen worden, nachdem ihr Sohn es abgelehnt hatte, ihn zu übernehmen.

Dem Treiben dieses längst erwachsenen Sohnes, der gewiß schon dreißig, wenn nicht älter war, hatte ich, solange ich Eberts Nachbar war, stets mit einem gewissen Unverständnis, ja, Unbehagen zugesehen. Jeden Morgen hörte ich, wie Ferdinand von seinen Eltern wortreich und lautstark verabschiedet und abends, wenn er nach Hause kam (»Endlich! Wo warst du denn?«), so überschwenglich begrüßt wurde, als habe man damit gerechnet, er könnte sich heimlich aus dem Staub gemacht haben. Doch der sich niemals verlierende Sohn kam getreulich immer wieder und wurde jeden Abend mit derselben freudigen Emphase empfangen.

Das Sportgeschäft des Vaters hatte er nicht übernehmen wollen, weil ihm, wie er rechtzeitig erkannte, das Leben eines selbständig Erwerbenden zu unsicher war, und sein Pharmaziestudium hatte er bereits nach einem Semester abgebrochen, weil er sich, laut eigener Aussage, mit seinen Altersgenossen nicht verstand; sie sprachen eine andere Sprache als er, kleideten sich unangemessen, gaben vor, ihn nicht zu verstehen und hatten keinen Respekt vor den Professoren. Nach dem Besuch einer kaufmännischen Schule wurde er schließlich Angestellter eines großen Mineralölkonzerns. Er wohnte weiterhin bei seinen Eltern, die offenbar seine besten und verläßlichsten Freunde blieben; jedenfalls habe ich ihn nie in Begleitung eines anderen Jungen oder gar mit einem Mädchen gesehen; sein Vertrauen gehörte allein seinen allernächsten Verwandten, mit denen er übrigens auch seinen Urlaub verbrachte, wobei ich mich stets über die großen und schweren und im Verhältnis zur meist kurzen Dauer dieser Ferien ungewohnt zahlreichen Koffer gewundert hatte, die Ferdinand treppab und treppauf schleppte. Während Frau Ebert, die Operettenkönigin von Augsburg, trotz ihres extravaganten Auftretens auf mich wie ein offenes Buch wirkte, blieb mir ihr Sohn rätselhaft. Wenn ich ihm, selten genug, nach meinem Wegzug in der Stadt begegnete, grüßten wir uns freundlich aus der Entfernung, unterließen es jedoch beide, uns einander zu nähern; ich wußte wirklich nicht, worüber ich mit ihm hätte sprechen sollen.

Ich zog einen dunklen Anzug an, um meiner Anteilnahme Ausdruck zu verleihen. Pünktlich um halb acht Uhr traf ich ein. Frau Ebert, die in ihrem unmodernen goldgelben Abendkleid keineswegs Trauer trug, öffnete lächelnd die Tür. Überall, selbst in der kleinen, engen Diele, brannten Kerzen. Nachdem ich sie auf die Gefahren dieser gewiß sehr wirkungsvollen Beleuchtung aufmerksam gemacht und sie daraufhin tatsächlich einige Kerzen ausgeblasen hatte (»… atmen können ist wichtig, nicht nur beim Singen …«), betrat ich hinter ihr das Wohnzimmer (auch hier brannten Kerzen), das ich ja kannte, und bemerkte eine ungewohnte, zwar nicht störende, aber doch auffällige Unordnung, die zweifellos auf die Aufregung der letzten Tage zurückzuführen war. Der etwas aufdringliche Geruch angebrannten Fetts – vermischt mit Frau Eberts trägem Parfum – verstärkte den Eindruck der hier herrschenden, unterdrückten Unruhe. Meine Gastgeberin hatte, wie ich annahm, Schmalz ausgelassen; eine Vermutung, die durch einen kleinen Fettfleck auf ihrer Bluse erhärtet wurde. »Ferdinand dekantiert den Wein«, sagte sie mit einer Bewegung in Richtung Speisezimmer, und wir setzten uns an den Rauchtisch, in dessen Platte bunte Kacheln eingelassen waren. Keine Blumen, keine Beileidskarten, auch hier brannten Kerzen.

Ich erkundigte mich natürlich nach ihrem Befinden, und sogleich begann sie vom Grabstein ihres Mannes zu sprechen, den sie in Auftrag zu geben beabsichtigte. Eine goldene Harfe als Sinnbild des Kunstgesangs, darunter Name, Geburts- und Todesdatum, vielleicht ein kleiner Spruch (... »da könnten Sie mir möglicherweise behilflich sein!«; ich nickte, aber mir fiel nichts ein). Hermann war gestorben, unmittelbar nachdem er sich körperlich offensichtlich zuviel zugemutet hatte. Die Balkontür, die er ausgehängt hatte, lehnte noch immer am Türrahmen (»Ferdinand schafft das nicht, vielleicht können Sie uns helfen?«; ich nickte und fragte mich, wie sie gerade auf mich kam). Als er im Begriff gewesen war, die Balkontür hochzuheben und in ihre Angeln zurückzustemmen, hatte er plötzlich einen fürchterlichen Schmerzensschrei ausgestoßen, die schwere Glastür abgestellt (dabei einen Teil der Gardine heruntergerissen) und beide Hände erst auf die Brust, dann auf den Bauch und schließlich auf sein Herz gepreßt (»... jetzt wußte ich Bescheid ...«), als versuche er, etwas, das mit Gewalt von innen nach außen wollte, von außen nach innen zurückzudrängen. »Und dann«, sagte sie, »lag er plötzlich da. Da! Ich zeig

Ihnen, wo es war.« Sie stand auf, nahm meine Hand und zog mich hinter sich her ins Speisezimmer.

Wie vor den Kopf gestoßen, hin und her gerissen von sich einander überschneidenden Eindrücken, blickte ich von der schräg gegen die Türfüllung gelehnten Balkontür zu Ferdinand, von diesem, der gerade Wein ausschenkte, auf den langen Tisch, der für acht Personen gedeckt war, und von den fünf Gästen, die bereits Platz genommen hatten, zur heruntergerissenen Gardine, zu Frau Ebert und wieder zum Tisch zurück, an dem fünf Teddybären unterschiedlicher Größe und unterschiedlichen Umfangs saßen und mich mit ihren gläsernen braunen Knopfaugen anstarrten.

»Sie haben schon Platz genommen; vom akademischen Viertel halten sie nichts«, sagte Ferdinand, während er mir – ich sprach ihm mein Beileid aus – die Hand reichte. »Das sind unsere lieben Bärenkinder«, sagte Frau Ebert und fügte hinzu, »und alle mögen Gänsebraten und Knödel!« – »Starrt doch nicht so, als ob ihr noch nie einen fremden Menschen gesehen hättet«, schnauzte Ferdinand die versammelte Bärenmannschaft an, ging einmal um den Tisch herum, packte dabei jeden einzelnen Bär am Genick und drehte ihn zum Tisch. »Manchmal«, erklärte Frau Ebert, »mangelt es ihnen ein wenig an guten Manieren. Sie haben sich noch nicht von dem Schock erholt. Sie mochten meinen Mann ganz besonders.«

Drei Plätze waren frei, einer wurde mir von meiner lächelnden Gastgeberin zugewiesen, die sich dann mit den Worten entfernte, der Braten müsse nun fertig sein, gleich werde sie ihn mitsamt dem Rotkohl und den Knödeln servieren (»leider keine selbstgemachten, mein Mann aß nur meine selbstgemachten ...«). »Stell ihm unsere Kleinen vor, Ferdinand!«

Ferdinand nahm mich erstaunlich sanft beim Arm und sagte leise: »Wenn sie auch nicht immer manierlich sind, haben die fünf doch ein gutes Herz. Von den anderen spreche ich nicht. Aber die hier tun einem nichts Böses. Ich werde sie Ihnen vorstellen. Sie sind sehr schnell beleidigt, wenn man sie ignoriert.« Links des Stuhls, auf dem ich sitzen sollte, saß Felix, rechts Hubert, diesen gegenüber, Ferdinand flankierend, saßen Hansi und Walter (»... Zwillinge ...«), am unteren Tischende thronte der größte und älteste der anwesenden Bären, Petzi, der mir seine große, gelbbraune Tatze entgegenstreckte und dem ich, Ferdinands Wunsch entsprechend, die Hand gab, woraufhin mir dieser im Namen seines braunen Freundes seinen Dank für mein Erscheinen aussprach. Dann setzten wir uns und warteten bei einem Glas Wein auf Frau Ebert und den Gänsebraten.

Eine Stunde später war ich nicht nur satt, sondern auch mit sämtlichen Eigenarten der fünf Bären vertraut. Meine anfängliche Vermutung, zwischen den einzelnen, zugegeben unterschiedlichen Exemplaren bestünden keine nennenswerten charakterlichen Unterschiede, stellte sich als naiv heraus. Jeder der fünf Bären, die (»... reiner Zufall ...!«) allesamt männlichen Geschlechts waren, war einzigartig und unvergleichbar; eines jedoch hatten sie miteinander gemein: keiner schien den anderen sonderlich zu schätzen, und mehrmals mußten Frau Ebert und Ferdinand – er vor allem, der offenkundig die größere Autorität besaß – in Händel eingreifen, die zu hören und zu verstehen mir leider nicht vergönnt war, die der Aufmerksamkeit der Eberts allerdings nicht entgingen. Diese Zwistigkeiten entzündeten sich, wie man mir geduldig erklärte, fast ausnahmslos an kleinlichen Eitelkeiten und Eifersüchteleien, die sich am Ende so zuspitzten, daß Ferdinand, mit ausdrücklicher Billigung seiner vom Essen und Trinken etwas erhitzten Mutter, nach etwa einer halben Stunde zwei der sich zankenden Bären, den neben mir sitzenden Hubert und den neben ihm sitzenden Hansi, packte und in ihr Zimmer trug, wo sich die anderen Bären bereits hingelegt hatten, wie Frau Ebert mir zuflüsterte. »Neid und Konkurrenzdenken werden sie noch zerfressen!« fügte sie hinzu und gab mir zu verstehen, daß die Anwesenheit eines Fremden – sie hatten mich ja noch nie gesehen – ihre Gereiztheit noch verstärke, worüber ich mir aber keine Gedanken machen dürfe.

Nachdem ich das peinliche Gefühl überwunden hatte, in eine fremde Welt eingedrungen zu sein, in der ich nichts verloren hatte und von der ich nichts verstand, begann ich, dem Spiel einen gewissen Reiz abzugewinnen, wiewohl ich mir darüber im klaren war, daß es den Eberts ernst war mit ihren Bären und dem offenbar nicht sonderlich erfolgreichen Versuch, sie zu zähmen und (»… notfalls mit Gewalt …«) der menschlichen Gesellschaft anzupassen (»… sie fahren mit uns in Urlaub. Wir transportieren sie in Koffern«). Ich spielte mit, erkundigte mich nach Petzis Rang (… »er ist unser König, denn er war der erste, er ist still, sehr bescheiden, aber wenn er einmal etwas sagt, dann duldet er keinen Widerspruch, und es versucht ja auch keiner, ihm zu widersprechen, nein, nein, er ist eine sehr ehrfurchtgebietende Persönlichkeit«), nach Huberts Vor- und Nachteilen (»… er ist ziemlich ungerecht, arrogant und neigt zu Depressionen …«) und nach Hansis Charakter (»… ein durchtriebenes Miststück! Er denkt nur an eines, na, Sie können sich ja vorstellen, was ich meine …«). So hatte ich mich also bereits vor der Nachspeise so sehr an die Gegenwart der kleinen, braunen Tyrannen und Hysteriker gewöhnt, daß ich mir im nachhinein nur schwerlich vorstellen konnte, wie ich diesen Abend ohne deren, das Gespräch in Gang haltende, Gesellschaft überstanden hätte. Frau Ebert freute sich über meine Anteilnahme (Ferdinand hielt sie für selbstverständlich) und war überglücklich, als ich sie nach dem Essen und kurz vor meinem Aufbruch darum bat, mir auch die anderen Bären zu zeigen, die ja bereits im Bett lagen und, wie sie hoffte, nicht nur so taten, als ob sie schliefen.

Sie öffnete die Tür zum Bärenzimmer, drückte auf den Lichtschalter und bat mich einzutreten. Weit kam ich nicht. Hunderte, vielleicht gar Tausende teils noch verpackte, alte, junge, amputierte, verkrümmte, geköpfte, bekleidete und nackte Bären und Bärinnen in allen nur erdenklichen Farben, deren Erwerb ein Vermögen verschlungen haben und deren Pflege die gesamte Freizeit Ferdinands in Anspruch nehmen mußte, lagen und standen, knieten und hockten in mehreren großen und kleinen Betten, in offenen Schränken und herausgezogenen Schubladen, vor allem aber auf dem Fußboden herum und glotzten mich und meine Gastgeberin an, die mir erklärte, fast alle hätten einen Namen, aber die meisten Namen hätte sie, im Gegensatz zu Ferdinand, vergessen, es existiere allerdings eine Liste, in der auch die Ankunft jedes einzelnen Bären vermerkt sei, etliche hätten hier geheiratet und auch schon Kinder in die Welt gesetzt, gestorben jedoch sei noch keiner. Sie schaltete das Licht aus und schloß leise die Tür. Ob die Bären geschlafen oder sich schlafend gestellt hatten, erfuhr ich nicht. Jedenfalls begann ich nicht erst auf der Heimfahrt im Taxi an meinem und am Verstand meiner Gastgeber zu zweifeln. Die Bären seien heute so still und niedergeschlagen, weil sie den Verlust ihres Mannes noch nicht überwunden hätten, erklärte mir Frau Ebert auf dem Weg vom Bärenzimmer zum Speisezimmer; und als wir an ihrem Schlafzimmer vorbeikamen, bemerkte sie, mit einem Blick durch die offene Tür – ich sah das gemachte Ehebett –, ihr Sohn schlafe jetzt wieder bei ihr. Ebenso zwanghaft wie vergeblich bemühte ich mich auf der Heimfahrt und später zu Hause, einen Zusammenhang zwischen dieser letzten Bemerkung und den zahllosen ausgestopften Wesen herzustellen, mit denen die Eberts ihr Leben teilten, in dem, wie mir schien, die Sorgen draußen blieben.

Grandville
Der Bär

*Ein Brief aus dem Gebirge**
Felix qui potuit rerum cognoscere causas

Ich brachte, als ich in die Welt trat, eine große Vorliebe für die Einsamkeit mit. Diese Vorliebe war mir ohne Zweifel zu einem nützlichen Zweck eingepflanzt; statt aber meine Fähigkeiten einem Zweck zuzuwenden, der meinem Beruf entsprach, bemühte ich mich lange, das Werk der Natur in mir zu verderben. Bald nach meiner Geburt machte mich ein Fall, als ich zum ersten Male auf einen Baum zu klettern versuchte, für den Rest meines Lebens lahm. Auch hatte er einen großen Einfluß auf meinen Charakter und entwickelte die Keime der Melancholie in mir. Die Höhle meines Vaters wurde von den Bären der Umgegend häufig besucht. Er war ein tüchtiger Jäger und traktierte seine Gäste immer aufs beste; vom Morgen bis zum Abend gab es Tänze und Schmausereien, und nur ich hielt mich fern von dem lustigen Leben meiner Familie. Die Besuche belästigten mich; das gute Essen war mir zwar ziemlich angenehm, aber die Trinklieder haßte ich, und dieser Widerwille lag nicht bloß in meiner Organisation, wenn auch

* Dieser Brief war nicht für die Öffentlichkeit bestimmt.

die neue Philosophie den Grund aller unserer Neigungen und Abneigungen in unserm Körper finden will. Der Wunsch zu gefallen, dem mein Gebrechen hindernd entgegentrat, wurde für mich eine Quelle bitterer Täuschungen. Meine natürliche Vorliebe für die Einsamkeit und Stille artete allmählich in finstere Laune aus, und ich fand bald ein Vergnügen daran, mich als *unverstandenen* Bären zu betrachten, was noch immer für das Zeichen des Genies gegolten hat. Später freilich hat mich tiefes Nachdenken über mich selbst und andere belehrt, daß nur der Stolz die Quelle dieser Traurigkeit war, die man schon in den Mondstrahlen gesucht hat.

Ich sollte leider nicht bloß meinen Vater und meine Mutter durch die finstere Laune betrüben; ich entwarf sogar den Plan, sie zu verlassen und irgendwo ein Versteck aufzusuchen, wo ich mich ungehindert meiner Vorliebe für das einsame Leben überlassen könnte. Vergebens hielt mir mein Gewissen den Schmerz vor, welchen ich ihnen verursachen würde. Ich vertraute meinen Vorsatz einem Freunde unserer Familie an, damit man wisse, daß ich freiwillig der Welt entsagt habe, und nicht etwa glaube, ich sei das Opfer irgendeines Unfalls geworden.

Nie werde ich den Tag vergessen, an welchem ich die Höhle verließ, in welcher ich das Licht der Welt erblickt hatte. Es war früh; mein Vater war auf die Jagd gegangen, und meine Mutter schlief noch. Das benutzte ich, um ungesehen fortzukommen. Der Schnee bedeckte die Erde und ein eiskalter Wind bewegte schauerlich die Wipfel der bereiften Fichten. Jeder andere wäre wahrscheinlich vor dieser Trauer der Natur zurückgewichen, aber nichts ist stärker als ein törichter Vorsatz, und ich wanderte fest und unerschrocken weiter.

Schwerlich läßt sich auf der ganzen Erde ein weniger besuchtes Plätzchen finden als das, welches ich mir auserkor. Fünf Jahre lang zeigte sich mit Ausnahme eines Adlers, der sich einmal in geringer Entfernung von meiner Höhle auf einen Baum setzte, kein lebendiges Wesen in der Nähe. Die Beschäftigungen meines beschaulichen Lebens waren sehr einfach. Sobald der Tag graute, setzte ich mich auf einen Felsen und betrachtete von da aus den Sonnenaufgang. Die Morgenkühle weckte meine Phantasie, und ich arbeitete in den ersten Tagesstunden an einem großen Gedicht, in welchem ich alle Schmerzen der Wesen schildern wollte, die den Becher des Lebens mit abgewandtem Blick an ihre Lippen geführt haben. Gegen Mittag trieb ich Botanik, und abends sah ich zu, wie ein Stern nach dem andern am Himmel sich entzündete; ich erhob da mein Herz zu dem Monde oder zu der milden Venus. In diesem einförmigen Leben vergingen fünf Jahre, aber diese lange Zeit hatte doch viele Gefühle abgestumpft, viele Träume verscheucht und die Begeisterung geschwächt; ich betrachtete die Dinge nicht mehr wie sonst, denn ich war zu einer der kritischen Perioden gelangt, die sich oft im Leben einstellen und sich durch ein unerträgliches Unbehagen kundgeben. Man will um jeden Preis aus diesem Zustand herauskommen, und die falsche Scham vermag uns um so weniger zurückzuhalten, als unter die Dinge, welche man am wenigsten begreift, auch die gehören, welche man nicht mehr liebt. Die Langeweile überwand also die Unentschlossenheit der Eitelkeit, und ich nahm mir endlich vor, zu den Meinigen zurückzukehren, die Arbeiten und Gefahren der andern Bären zu teilen, mit einem Wort, in das gesellige Leben wiedereinzutreten; ich fiel aber in Menschenhände, entweder weil ein höherer Wille nicht zugeben wollte, daß ich ohne vorherige Buße das Glück genösse, welches ich verachtet hatte, oder weil es mein Schicksal so wollte.

Ich war eines Morgens aufgebrochen, um meinen Vorsatz auszuführen, hatte aber noch keine halbe Stunde zurückgelegt, als ich in einer tiefen Schlucht mehrere Stimmen rufen hörte: ein Bär! ein Bär! In dem Augenblick, als ich stehenblieb, um zu erkennen, woher diese unbekannten Töne kämen, warf mich eine unsichtbare Hand nieder, und während ich mich am Boden herumwälzte, fielen vier ungeheuer große Hunde und drei Menschen über mich her. Trotz des Schmerzes, den mir meine Wunden verursachten, kämpfte ich lange gegen die Hunde, endlich aber unterlag ich den

Zähnen dieser grausamen Tiere und wurde ohnmächtig.

Als ich wieder zum Bewußtsein kam, war ich mit einem Strick, den man durch einen Ring in meiner Nase gezogen hatte, an einen Baum gebunden. Dieser Baum beschattete die Tür eines Hauses, das an einer Straße, aber immer noch im Gebirge lag. Alles, was mir begegnet war, erschien mir wie ein Traum; aber nur zu bald erkannte ich, daß es um meine Freiheit geschehen sei, wenn ich auch das Leben behalten, und daß durch den verfluchten Ring, den man, ich weiß nicht wie, durch meine Nase gezogen hatte, das schwächste Wesen der Schöpfung mich seinem Willen und seinen Launen unterwürfig machen könnte. Ach wie recht hat Homer, wenn er sagt, daß der die Hälfte seiner Seele verliere, welcher die Freiheit verliert. Da erst erkannte ich denn auch besser als je, wie sehr ich mich durch meinen Stolz hatte irreleiten lassen, indem ich mir eingebildet, ich besäße die Kraft, unbekümmert um die ganze Außenwelt leben zu können. Was war denn in meinem Zustand verändert? Das weite Himmelsgewölbe, der imposante Anblick der Berge, der Strahlenglanz der Sonne, das milde Licht des Mondes und sein blinkendes Sternengefolge sah ich noch vor mir. Warum blickte ich diese Schönheit der Natur, die sonst meinen Wünschen zu genügen schien, nicht mehr mit denselben Augen an? Ich mußte mir gestehen, daß ich im Grunde des Herzens der Welt, mit der ich nur geschmollt, niemals ganz entsagt hatte und daß ich einige Jahre lang fern von ihr leben konnte, nur weil ich gefühlt hatte, immer stehe es mir frei, zu ihr zurückzukehren.

Mehrere Tage lang verbrachte ich in verzweiflungsvoller Niedergeschlagenheit, aber das Geständnis meiner Schwäche, das ich mir im stillen abgelegt hatte, trug viel dazu bei, meine Seele der Ergebung zu öffnen. Die Ergebung ihrerseits führte die Hoffnung wieder zurück, und allmählich fühlte ich eine Ruhe, die ich vorher nie gekannt hatte. Wenn mich übrigens etwas über den Verlust der Freiheit hätte trösten können, so würde ich die Knechtschaft in meiner angenehmen Lage fast vergessen haben, denn mein Herr behandelte mich sehr gut. Ich aß mit ihm und verbrachte die Nacht in einem Stall neben einigen andern friedlichen und geselligen Tieren. Am Tage saß ich unter einem Baum vor dem Hause und sah die Kinder meines Herrn umherlaufen, die mich sehr liebhatten. Auch die vielen Wagen, die vorüberrollten, verschafften mir Zerstreuung. Sonntags fanden sich die jungen Mädchen und Burschen aus dem Dorfe ein und tanzten unter meinem Baum, denn mein Herr war Gastwirt. Häufig wurden da die Gläser aneinandergestoßen und immer schallten lustige Lieder aus dem Hause. Ich wurde stets zu den Tänzen miteingeladen, die meist bis weit in die Nacht hinein dauerten. Gewöhnlich eröffnete ich den Tanz mit dem hübschesten Bauernmädchen. Später wurde ich in den Stand gesetzt, das Leben anderer Menschen kennenzulernen und es mit dem dieser Gebirgsbewohner zu vergleichen. Die letzteren schienen mir dem Glück viel näher zu stehen als die eigentlich sogenannten Glücklichen; denn im allgemeinen scheint der Mensch um so glücklicher zu sein, je unwissender er ist.

Dieses friedliche Landleben dauerte ein halbes Jahr. Eines Tages, als ich nach meiner Gewohnheit im Schatten meines Baumes saß, hielt eine Extrapost vor der Tür unseres Wirtshauses. In dem mit vier Pferden bespannten Wagen saß ein Reisender, welcher der vornehmen Welt anzugehören schien. Er war, wie ich später erfuhr, ein berühmter englischer Dichter, Lord B., und er kam eben aus dem Orient zurück. Während er sein Frühstück verzehrte, schien ich der Gegenstand des Gesprächs zwischen ihm und meinem Herrn zu sein. Ich hatte mich wirklich nicht getäuscht. Lord B. bezahlte einige Goldstücke, der Wirt kam zu mir, band mich von dem Baum los und brachte mich mit Hilfe des Postillions in den Wagen. Noch hatte ich mich von meiner Überraschung nicht erholt, als wir schon weit weg von dem Tale waren, in welchem ich so glückliche und nützliche Tage verlebt hatte.

Ich habe mich durch die Erfahrung überzeugt, daß das Glück eigentlich in der Einförmigkeit und in einer Lebensweise besteht, welche stets ein und dasselbe Gefühl hervorbringt, daher kann ich die Trauer nicht beschreiben, welche mein Herz erfüllte, als ich die Gegend hinter mir verschwinden sah, welche meine Heimat war. »Lebt wohl«, sagte ich mit der ›Jungfrau‹ – »Lebt wohl ihr Berge, ihr geliebten Triften!«

Die Liebe zur Heimat, zum Vaterlande ist untilgbar, und die Reisen, welche ein Dichter ein »berauschendes Leben« nennt, sind meist nur eine fortwährende Ermattung des Geistes und des Körpers. Deshalb wurde es mir auch nicht schwer einzusehen, warum die Göttin Calypso Ulysses nicht hatte verhindern können, zu seinem armen Ithaka zurückzukehren.

Vivite felices, quibus est fortuna peracta!
Vobis parta quies, vobis maris aequor arandum.

Wir bestiegen ein Schiff, das nach England unter Segel ging, und ich verbrachte zwei Jahre bei Lord B. in einem Schlosse in Schottland. Das Nachdenken, zu dem mich der Umgang mit einem Mann veranlaßte, der Dichter und Menschenhasser war, vollendete in mir den Lebensplan, von dem ich nicht abgewichen bin, seit ich die Freiheit wiedererlangt habe. Ich war bereits von der geistigen Krankheit wieder genesen, die mich in das einsame Leben getrieben hatte, aber eine andere, nicht minder gefährliche war mir geblieben, durch die ich früher oder später alle Früchte meiner Leiden und meiner Erfahrung hätte verlieren können. Nach dem unabweislichen Bedürfnis der Mitteilung, das uns drängt, andern von unsern Besorgnissen und Leiden zu erzählen, hatte ich die Sucht beibehalten, Verse zu machen. Ich *litt*, wie die verkannten Seelen und schlechten Dichter sagen, und wollte in Versen meine Leiden aussprechen. Bald legte ich mich auf den Rücken, bald auf den Bauch, um die Begeisterung zu wecken; bald ging ich mit großen Schritten in den dunklen Gängen des Gartens am Schlosse umher und erschreckte die Vögel durch das dumpfe Brummen, das sich unwillkürlich meiner Brust entwand. Wer hätte es geglaubt! Der geheime Ärger über meine Ohnmacht erzeugte böse Leidenschaften in mir: Haß gegen die, welchen es wohlergeht, Haß gegen die gesellschaftlichen Einrichtungen, Haß gegen die Vergangenheit, die Gegenwart und Zukunft, Haß gegen alles und gegen alle. Man hat seit Salomo viele Bücher geschrieben, eins aber, ein unschätzbares Buch, fehlt uns noch, eine Schilderung aller Leiden des Schriftstellerlebens. Exoriare aliquis! Lord B. selbst – doch ich schweige aus Achtung und Dankbarkeit. Ich sage nur, daß er, des poetischen Lebens überdrüssig, in das gewöhnliche Leben zurückkehren und die Stürme seines Herzens an dem Busen einer Gattin austoben lassen wollte. Aber er war zu gut; seine Heirat zerstörte sein Leben vollends. Der unglückliche B. sah keinen andern Ausweg, als auf fremder Erde zu sterben. Welche Lehre für mich ungeleckten Dichter! Ich wünschte deshalb auch nichts mehr, als die Freiheit wiederzuerlangen, um das mit Nutzen anwenden zu können, was ich unter den Menschen gesehen hatte.

Die Zeit meiner Befreiung kam früher, als ich zu hoffen gewagt hatte. Als die erste Nachricht von dem Aufstand der Griechen eintraf, entschloß sich mein Herr, ein glänzendes Grab im Lande der Hellenen zu suchen. Einige Tage vor seiner Abreise wollte er sich zum letzten Male in London zeigen. Er benutzte die Aufführung eines Trauerspieles von Shakespeare, *Hamlet*, seines Lieblingsstückes, um sich dem englischen Publikum noch einmal zu zeigen. Wir begaben uns im offenen Wagen zum Theater, und der Saal war gefüllt, als wir in einer Loge der Bühne gegenüber erschienen. Sofort wendeten sich alle Augen und Augengläser auf uns. Die Damen neigten sich über die Logen hinaus wie Blumen, die an Felsen hängen. Selbst als der Vorhang emporgegangen war, teilte sich noch lange die Aufmerksamkeit zwischen Shakespeare und uns. Erst als der Geist erschien, der in *Hamlet* eine große Rolle spielt, richteten sich die Blicke auf die Bühne. Das Trauerspiel war in der Tat geeignet, die Anwesenden an unsere Gegenwart zu gewöhnen. Alle Personen darin werden verrückt, oder doch beinahe.

Am andern Tage schifften wir uns nach Frankreich ein. Mein Schicksal wollte, daß Lord B. einen Umweg machte, um die Ruinen von Nimes zu besehen. Eines Abends, als er in der Nähe dieser Stadt am Fuße eines alten Turmes saß und tief in Gedanken versunken war, lief ich davon und eilte in das Tal. Vier Tage und vier Nächte lang sprang ich von Berg zu Berg, ohne ein einziges Mal hinter mich zu sehen. Am vierten Tage früh befand ich mich endlich in den Pyrenäen, meiner Heimat. Im Übermaße meiner Freude küßte ich den Boden des Vaterlandes, dann wanderte ich der Höhle zu, wo ich zum ersten Male geatmet hatte. Sie wurde von einem ehemaligen Freunde meiner Familie bewohnt, den ich nach meinem Vater und meiner Mutter fragte. »Sie sind tot«, antwortete er mir. – Und meine Brüder? – »Tot oder gefangen.« Nachdem ich ihrem Andenken einige Tränen gewidmet hatte, nahm ich meine Wohnung auf dem Mont-Perdu.

Das übrige weißt Du.

Seit vier Jahren habe ich, glücklicher als Lord B. vielleicht, weil ich weniger Dichter bin, Ruhe in dem Familienglück gefunden. Meine *Frau* ist sehr gut, und meine Kinder finde ich reizend. Wir leben unter uns und hassen die Zudringlichen und Besuche. »Glücklich, der am eignen Herde lebt, und – möchte ich hinzusetzen – keine Verse macht!« Du hältst mir vielleicht die Ansicht einiger Philosophen entgegen, aber ich antworte Dir, daß die Philosophen bei mir niemals in großem Ansehen gestanden haben. *»Ich fühle mein Herz«*, sagte einer von ihnen, und *kenne die Bären*. – Die Heiligen achte und verehre ich, und ich werde mich wohl hüten, sie mit den Philosophen zu verwechseln.

Ich für meinen Teil bitte die Götter und Göttinnen, mir bis zu meinem letzten Stündlein die Seelenruhe und die volle Erkenntnis der Naturgesetze zu erhalten. Was könnte ich auch mehr von ihnen verlangen? Gießt nicht die Najade des Felsens aus ihrer unerschöpflichen und wohltätigen Urne das reine Wasser, das meinen Durst löscht? Beschattet nicht der geliebte Baum der Kybele mit seinen immergrünen Zweigen meine Wohnung? Tanzen nicht immer die Dryaden im Schatten dieser Wälder, die so alt sind wie die Welt? Habe ich nicht alles, was den Bedürfnissen eines Bären ohne Ehrgeiz genügen kann? Das übrige hängt von mir ab, Gott sei Dank, ich fühle, daß ich jetzt mein Schicksal ganz und gar beherrsche. Ich lebe ruhig auf meinem Berge hoch über den Stürmen und Unwettern, und gleich dem Rohre beneide ich das Geschick der ruhelosen Welle nicht, die sich ächzend an dem Ufer bricht. In dieser Gesinnung hoffe ich meinen Lebenslauf fortzusetzen, bis mein Geist endlich sich zu dem glänzenden Sternbild emporschwingt, das droben am Himmel von dem Adel unseres Geschlechts zeugt.

Amen!

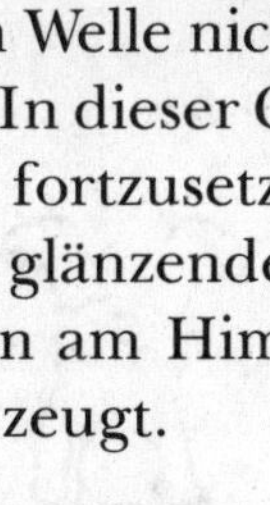

Randale um Gummibärchen

NÜRNBERG (dpa) – Der Heißhunger seines Haustiers auf Gummibärchen hat einen 39jährigen Nürnberger in Konflikt mit der Polizei gebracht. Der Mann hatte für sein angeleintes Frettchen Süßigkeiten gekauft und die Tüte – ohne zu bezahlen – im Laden verfüttert, berichtete die Polizei am Montag. Auf Einwände der Verkäuferin hin fing der angetrunkene Mann an zu randalieren und landete schließlich gefesselt in einer Ausnüchterungszelle der Polizei. Gegen ihn wurden Anzeigen wegen Körperverletzung und Widerstands erstattet.

Süddeutsche Zeitung

Wolf-Dieter Storl

Mutzopolis – Die Bärenstadt Bern

Man muß nicht nach Hokkaido oder Alaska fahren, um dem Bärengeist zu begegnen und einen lebendigen Bärenkult zu erleben. Auch mitten im Herzen Europas wird man fündig.

Bären, überall Bären! Der schwarze Mutz mit langer, roter, heraushängender Zunge ist überall zu sehen – an Wände gepinselt, in Dachgiebel geschnitzt, als Warenzeichen auf Etiketten gedruckt, in Stein gemeißelt, als Schildwache an öffentlichen Gebäuden oder als Brunnenwächter. Als Kraftmeier wird er hornussend, schwingend oder trommelnd in die Schlacht ziehend abgebildet. Auf Wirtshausschildern, Fahnen und Wappen zieht er auf goldgelber, honigfarbener Straße über ein rotes Feld. Im Kiosk gibt es den »Berner Bär« als Zeitung, als Souvenir für Fremde, als Konterfei auf Honigschokoladentafeln.

Staunend ging ich in diesen ersten Tagen als amerikanischer Austauschstudent durch die Bilderbuchgassen der Altstadt Berns. Der Bärengeist ist überall gegenwärtig, und es hätte mich kaum erstaunt, in irgendeiner dunklen Seitengasse oder unter den Baumriesen am Ufer der Aare auf dampfende Bärenlosung zu stoßen, wie es einem in den

Rocky Mountains passieren kann. Nicht weit vom Eingang des Seminargebäudes, das ich jeden Tag besuchte, steht er in der mittelalterlichen Kramgasse geharnischt über einem Brunnen. Am oberen Ende der Gasse, über dem Torbogen des Zeitglockenturms, marschiert zu jeder vollen Stunde beim Glockenschlag eine bewaffnete Bärentruppe aus einer kleinen Tür und verschwindet wieder. Folgt man der kopfsteingepflasterten Straße in entgegengesetzte Richtung über die Nydeggstaldenbrücke, stößt man auf echte, lebendige Bären. Hier liegt der Bärengraben, und darin regiert, ständig von Bewunderern umgeben, der große Mani, der männliche Alphabär, der Patriarch, die Verkörperung des Stadttotems. Neben ihm tollen jüngere Bären und Bärenmütter mit niedlichen Welpen. Die sonst so wortfaulen Berner reden mit den Bären. Sie sprechen sie nicht nur an, sie reden mit ihnen. Sie sprechen mit ihnen, wie man sonst nur mit kleinen Kindern oder ganz Alten spricht. Sie verkehren *mit* ihnen, als sei kein anderer Mensch mit da am Bärengraben. Es sind liebevolle Zwiegespräche, fast Gespräche, die sie mit ihrem inneren Selbst zu führen scheinen.

Kein Zweifel, in der Aarestadt kann man einen lebendigen Bärenkult erleben. Der Berner Bär ist nicht zu vergleichen mit seinem Berliner Cousin, der nur noch Wappentier ist und als Filmpreis verliehen wird, aber keiner Seelenstimmung der Bevölkerung mehr entspricht.

Je länger ich mich in der Bärenstadt und dem Bernbiet aufhielt, desto mehr kamen mir die einheimischen Berner selbst wie menschgewordene Bären vor. Allein die erdhaft urige Erscheinung nicht nur der Emmentaler Bauern, sondern auch vieler Stadtberner ließ den Vergleich zu. Ihr Gesichtsausdruck verändert sich kaum mehr als der eines Braunbären. Und diese Eigensinnigkeit! Dieser dicke, runde Schädel, dieser »Bärnergring«, auf den sie so stolz sind! Ein Beispiel für die Qualität dieses Dickschädels wird in der Geschichte vom lebensmüden Berner gegeben, der sich vom Turm des Münsters stürzte. Beim Aufprall seines Schädels passierte nichts weiter, als daß das Kopfsteinpflaster zersplitterte.

Ein solcher Dickschädel läßt sich ebensowenig herumschieben und in seinen Angelegenheiten stören, wie ein Grizzly, der gerade einen Müllcontainer im Yellowstone ausräumt. Auch hat er es nicht nötig, eine große Klappe zu haben oder affektierte Geziertheit zur Schau zu stellen. Er ist, wie der Bär, langsam und bedächtig. Ist er aber erst einmal von der Richtigkeit eines Standpunktes überzeugt, kann ihn weder Tod noch Teufel davon abbringen. Er behält stets den Boden unter den Füßen, ist auf keinen Fall leichtgläubig und gibt sich – wieder echt Bär – immer etwas mißtrauisch gegenüber ungewohnten, allzu ausgefallenen Gedanken. Ja, der kühne, leichte Flug war noch nie die Sache der Berner. Wie ihr Wappentier bleiben sie immer erdverbunden und sachlich und lassen trotz aller Ideale die materielle Wirklichkeit niemals außer acht. Der Bär ist ein Tier der Erde. Man versteht, daß die Berner mit dem schwebenden Reichsadler nichts anzufangen wußten. Sie haben ihn schon vor zweihundert Jahren aus ihrem Wappen entfernt.

Der Lieblingssport vieler Berner, das Schwingen, sagt viel über ihren bärigen Charakter aus. Schwingen ist ein altalemannischer Bauernringkampf, bei dem einer der stämmigen Kolosse den Versuch macht, den anderen am Gürtel oder am aufgerollten Hosenbein zu fassen, ihn von der Stelle zu bewegen und schließlich zu Boden zu werfen. Oft ist es der gut angebrachte »Bärengriff«, der den Ringkampf entscheidet und den Sieger einen Muni (Stier) gewinnen läßt. Der Ringkampf erinnert an das japanische Sumo-Ringen, wo ebenfalls zwei stiernackige Kolosse aufeinander losgehen. Es erinnert aber auch an das Begrüßungsringen befreundeter Bären.

Der Berner, zurückhaltend und gelassen, läßt sich nicht leicht reizen. Aber wenn das Maß voll ist, wird der scheinbar schwerfällige Brummbär wild und furchtlos. Er ist zäh und gibt nicht auf. Mag sein, daß in keltisch-römischen Zeiten in Bernbiet der mütterliche, fürsorgende und nährende Aspekt des Bären im Vordergrund stand – die in Muri bei Bern gefundene Bronzeplastik einer Bärengöttin (*Dea Artio*) scheint das anzudeuten –, aber der schwarze Bär, der mit der Gründung der heutigen Stadt auf das Wappen kam, war vor allem der alemannische Kriegerbär, der kämpfende Mani, der die Burgunder das Fürchten lehrte und der Stadt stets ihre Unabhängigkeit bewahrte. Der französische König, der Kaiser und der Papst nahmen die furchtlos kämpfenden Berner Bären auch gern in ihre Dienste.

Die Bären der Alpen sind nicht ausgestorben, sie haben nur Menschengestalt angenommen. Selbst ihre Hunde, die Bernhardiner und Berner Sennhunde, sehen eher aus wie Bären und heißen meist auch Bari, Bäri, Bärli oder so ähnlich. Seit mehr als zweitausend Jahren werden diese bärenschnauzigen, langhaarigen Riesenhunde mit den stämmigen Beinen und dem kräftigen Körperbau von den Helvetiern gehalten. Nur so können sie Hunde ertragen, denn welcher Bär mag schon Hunde? Hündische Charaktere, krummrückige Kläffer, Schwätzer, Opportunisten und ähnliche Köter mag der Berner sowieso nicht.

Die heutige Stadt Bern wurde 1191 von Herzog Berchthold V. von Zähringen gegründet. Schon der Name des Herzogs läßt jene aufhorchen, die ein Gespür für die mythologische Substruktur der oberflächlichen Wirklichkeit haben. Berchthold kommt von Berthold (in dem die beiden Worte »Bär« und »walt« enthalten sind) und bedeutet »Bärenherrscher«. In manchen Gegenden in Schwaben und in der Schweiz kennt man noch den wilden Jäger Berchthold oder Bertholt, der zur Zeit der Wintersonnenwende sein Unwesen treibt. Er tritt an Wotans (Odins) Stelle als Anführer des wilden Heeres, des Woutisheeres. Der Bärchtelistag, der – in keinem Heiligenkalender verzeichnet – am 2. oder 3. Januar hier und da in Südbaden und in der Nordschweiz mit lärmenden Umzügen, Gelagen und Tanz gefeiert wurde, hat mit diesem mythologischen Berchthold zu tun.

Obwohl Herzog Berchthold eine historische Person ist, die die Stadt 1191 als Bollwerk gegen die burgundische Expansion gründete, befinden wir uns assoziativ dennoch wieder im alemannischen Sagenkreis des wilden Jägers Wotan und seiner kämpfenden Bären, den Bärenhäutern.

Die an drei Seiten von der Aare umströmte, von dichtem Eichenwald bewachsene Landzunge schien Herzog Berchthold als geeigneter Ort für eine befestigte Stadt. Nach altem Brauch, der nicht nur in unserem Kulturkreis von Bedeutung ist, entschied er, die Stadt nach dem ersten Tier zu benennen, das ihm im Wald begegnete. Das erste Lebewesen, das sich zu Beginn eines Unternehmens zeigt, gilt immer als bedeutungsschwangeres Vorzeichen.

Es war ein Bär, der damals als erster dahergetappt kam. Ein gutes Omen sicherlich! Das alte Totemtier der alemannischen Krieger würde schon mit den Burgundern und anderen Feinden fertigwerden! Der Herzog stellte dem Waldbären nach und erlegte ihn. Ein Festschmaus folgte in der Burg Nydeck. Nun hatte die Stadt ihren Namen und ihr Wappentier. Der Geist des getöteten Tieres ging auf die Bewohner über und lebt noch heute in ihnen fort. Eine wahrlich totemistische Ursprungslegende, die jedem ethnographischen Vergleich standhält!

Aber nicht nur der bärenjagende Held und Stadtgründer, sondern auch die Bärengöttin, kommt in der Ursprungslegende zu Wort. Sie erscheint in der Gestalt der Edelfrau Mechthildis. (Auch wenn es zutreffen sollte, daß der Romantiker Sigmund Wagner [1759–1835] die Legende von der Edelfrau Mechthildis frei erfunden hat, muß er sich dennoch auf ältere Vorlagen gestützt haben. Die Legende ist, was ihre archetypische Struktur betrifft, durchaus folgerichtig und dementsprechend als »echt« zu betrachten.)

Unweit der Stelle, an der der Herzog den Bären erlegt hatte, irrte eine junge Edelfrau mit einem Töchterlein im Arm durch das dornige Dickicht des Waldes. Ein schweres Schicksal hatte sie heimatlos gemacht. Plötzlich krachte es im Unterholz. Sie erschraken bis ins Mark, denn eine große Bärin tappte daher. Das Tier aber zog freundlich brummend an ihnen vorbei und tat ihnen nichts zuleide.

Kaum hatten sie sich von dem Schrecken erholt, stand ein zähnefletschender Wolf vor ihnen. Kein Zweifel, er würde sie verschlingen. Als sie vor Entsetzen schrien, erschien die Bärin wieder. Wer weiß, vielleicht hatte der Isegrim einst eines ihrer Jungen gerissen, auf jeden Fall stürzte sich die Bärin auf den Wolf. Dieser aber fügte ihr gefährliche Bißwunden zu. Schließlich gelang es der Bärin, ihm mit einem Prankenschlag das Genick zu brechen.

Das Schreien, Knurren und Brüllen lockte die Jäger aus der Burg Nydeck herbei. Beim Anblick der noch lebenden Bärin, legte einer der Schützen einen Pfeil in den Bogen. Doch Mechthildis sprang dazwischen:

»Schonet den Bären, meinen Retter!« rief sie.

Die Bärin, aus vielen Wunden blutend, schleppte sich fort. Wiederholt aber blieb sie stehen, richtete den Blick auf Mechthildis und brummte. Endlich verstand die Edelfrau. Die Bärin wollte, daß man ihr folgte. Bald darauf kamen sie an eine Bärenhöhle. Zwei niedliche Junge, die ihrer Mutter Heimkehr erwarteten, stürzten sich auf die Bärin. Sie konnte ihnen gerade noch einmal das Gesicht lekken und Mechthildis zum allerletzten Mal in die Augen blicken, dann verschied sie.

Die erstaunten Jäger fingen die beiden Bärchen und nahmen sie zusammen mit der Frau und ihrem Töchterlein mit zur Burg. Als Herzog Berchthold vernahm, was geschehen war, war er zutiefst bewegt. Sofort ließ er sein Pferd satteln und ritt zur Höhle. Beim Anblick der tapferen Bärin, die da in einer Blutlache lag, hielt er einen Moment inne. Dann gelobte er:

»Du starbst, weil du Wehrlose mit deinem Leben verteidigt hast. Ich will dein Erbe sein! Hier will ich eine Stadt bauen zur Zuflucht der Bedrängten! Bärn soll sie heißen, und ein schwarzer Bär soll ihr Wappen sein!«

Der Bau der Stadt mit dem Bären auf dem Wappen ging zügig voran. Über der Bärenhöhle wurde das Rathaus gebaut. Die Höhle selber wurde zur Schatzkammer der neuen Stadt. Die beiden Bärenwelpen wurden in der Burg aufgezogen und immer gut behandelt. Die Stadtbäckerei wurde damit beauftragt, ihnen besonders schmackhaftes Brot zu backen. Junge Ritter machten es sich zum Vergnügen, mit ihnen zu ringen und ihre Kräfte und ihren Mut an ihnen zu messen.

Als dann die Weihnachtszeit kam, buk die edle Mechthildis mit Honig und feinen welschen Gewürzen den ersten echten Berner Lebkuchen. Auf dem Gebäck waren die Bärin und ihre Jungen abgebildet.

Esther Scheidegger

Postheiris Bärentänze

Sie sind beim Heuen, schwitzen, es ist schwül, gewittrig, am liebsten würden sie sich ihren Pelz gleich selber über die Ohren ziehen. Hemdsärmelig ereifern sie sich beim Jass, dem Schweizer Nationalsport. Sie schwingen die Hintertatzen beim großen Bärenball auf dem Gurten, lüpfige Ländler, die roten Trachtenschürzen wehen, die Strohhüte sitzen verwegen schief, einen der wilden Tänzer hat es auf dem Tanzboden sogar der Länge nach hingeschlagen, das verschneite Alpenpanorama im Hintergrund ist grandios.

Sie montieren bärenfix Uhren in einer Uhrenfabrik, bestaunen mit Ah und Oh und Fernglas das Berner Bundeshaus, kraxeln aufs Matterhorn, kaufen am Brienzersee die unvermeidlichen geschnitzten Holzbärchen, wie es sich für ordentliche Touristen gehört. Bären wie du und ich also. In Bern heißen sie Mutzen.

Er muß eine große, überschwengliche Liebe zu ihnen gehabt haben, dieser Jakob Henri Fischer-Hinnen, denn sie dauerte lebenslänglich. Hunderte von Bärinnen und Bären hat er gemalt, in allen möglichen Situationen, in die Menschen eben geraten können. 1844 kam er in Zürich zur

Welt, wurde aber als zweijähriger Bub nach Bern gezügelt, und weil es dort den berühmten Bärengraben gibt, darf man's wohl für eine frühkindliche Prägung halten, daß ihm später alles bärig wurde.

Das Metier lernte er beim Vater, einem Landschafts- und Porträtmaler; die populäre Zeitschrift »Postheiri« verpflichtete ihn als ihren Hausillustrator. Nach weiteren Lehrjahren in Montreux und Nizza – freilebende Bären dürften ihm auch dort keine begegnet sein – kehrte Fischer 1876 nach Zürich zurück und schuf seine ersten großformatigen, bunt bevölkerten Bärengemälde. »Das Schützenfest« hieß eines, »Das Turnfest« ein anderes. Warum sollen Bären keine Klimmzüge machen, Pelz an Pelz?

Ein Abstecher nach London, dann wieder Zürich und Genf: Die Bären wurde er nicht mehr los. Zehn Friese, die er für den Bären-Wirt Johann Marbach am Bärenplatz in Bern anfertigte, hängen heute noch dort (die Hotelanlage ist allerdings verändert worden, weil auch noch eine Bank Platz brauchte), ihr Schöpfer bekam den Ehrentitel »Bären-Raffael«. In Sagorsk, wo ein lebensgroßer russischer Holzbär als Bienenhaus diente – er steht heute im Museum – ist Fischer nie gewesen. Gut gefallen hätte ihm bestimmt das Bilderbuch *Der Bär auf dem Försterball* von Peter Hacks und Walter Schmögner, das Kindern Mitte der siebziger Jahre subversive Bärenweisheiten vermittelte wie den

Trick der Bärin, die ihren bärenschnapsblauen Bären in den Nacken beißt, damit er nüchterner wird. Eigentümlich, daß Fischer seine Bären immer bartatzig porträtierte, nie tragen sie auf seinen Bildern Strümpfe, Socken und Schuhe. Aber sie stehen fest auf der Erde, haben Bodenhaftung. Und geschäftstüchtig sind sie auch. Das dokumentiert gestochen scharf das »Bärenalbum«, in dem sie mit Bärenmusik für die Kirchhoffsche Musikalienhandlung, eine Leihanstalt für Musik mit über 100 000 Nummern Werbung betreiben, als hochnäsige Reiter hoch zu Roß für eine Reitschule, mit einem Kaffeekränzchen für Sommers Kaffeerösterei – »eine anerkannte Wohlthat für jede Haushaltung«, für die Büchsenmacherei Wespi an der Kramgasse …

Ob er bärbeißig und brummig war? Bären scheinen jedenfalls Zitherklänge zu mögen. Sonst wären Henri Fischer und die Zitherlehrerin Karoline Hinnen bestimmt kein Paar geworden. Ob sie ihn je mein Honigbärchen nannte, wenn sie ihn von seinen Rauchbildern weglocken wollte, ist nicht überliefert. Aber Zithermusik heitert auf. Die Schriftstellerin Katherine Mansfield, krank und mißlaunig, hat kaum ein gutes Haar an der Schweiz gelassen, als sie im Wallis zur Kur weilte. Aber sie schrieb ihrem ferngeliebten Göttergatten John Middleton Murry am 15. Mai:

»Während ich schreibe, spielt jemand die Zither so reizend und so lustig, daß einem das Herz tanzt beim Zuhören.«

Andrea Simmen
Die Zunge

Als Ethnologin bin ich zwar nicht verpflichtet, die Schweigepflicht einzuhalten, trotzdem möchte ich die Identität der Person, die mir die folgende Geschichte erzählte, nicht preisgeben.

Aufzeichnung gemäß Tonbandaufnahme vom 14.6.91

Religiös bin ich nicht, trotzdem, ich saß in einem Beichtstuhl, draußen vor der Kirche rannte eine aufgebrachte Menge, ich hörte ihre Schlachtrufe, dieses gruppendynamische »Nieder mit dem Feind«. Zuerst waren es nur fünf Beamte, die mich verfolgten, ich hätte es eigentlich wissen müssen, daß in dem klassizistischen Gebäude eine Behörde untergebracht ist, und die Angestellten nichts anderes zu tun haben, als in den Vorgarten zu starren, um so Minuten dümmlich verstreichen zu lassen, mit gläsernen Blicken, die an ausgestopfte Tiere im naturhistorischen Museum erinnern. Im Leben stehen, aber tot sein.

Es war ein schöner Frühlingstag, ich hatte den ganzen Vormittag Bücher über italienische Gartenkunst studiert, ich vertiefte mich so sehr, daß ich glaubte, in Italien zu sein, als ich nach dem Mittag durchs Seequartier schweifte. Ich meinte wirklich, in Italien zu sein, die Sonne lächelte, die Leute verwarfen beim Sprechen die Hände, Goldzähne blitzten, überall wurden Gelatis verkauft, eine außergewöhnliche Freudigkeit sirrte in der Luft, die Schneeberge bleckten in einen blauen Himmel, Wäsche flatterte auf den Balkonen, über den See fuhren Gondeln, Mädchen mit rosa Kleidchen hüpften in Lackschuhen an den Händen ihrer Eltern, kleine Knaben spuckten auf den Boden und vergruben ihre Hände in den Hosentaschen, weil es Markttag war, war halt eben auch noch Markt und weil, na, also ich war in Italien.

Rückdenkend kann ich mir nicht erklären, weshalb ich auf die Idee kam zu stehlen, denn Diebstahl war es zweifellos, und wäre ich in Italien gewesen und hätte dort gestohlen, nicht auszudenken was passiert wäre, ich meine, hätte ich in Rom beispielsweise das Kolosseum mitgenommen, die ganze Welt wäre mir nachgerannt, andererseits hätte ich in Rom nicht solche Schwierigkeiten gehabt, einen Beichtstuhl zu finden, denn das war hier, in dieser reformierten, sächlichen Stadt recht schwierig, sagen wir nicht einfach, hier setzt es Stadtkenntnis voraus.

Ich spazierte in den Vorgarten und klaute, anders war es nicht, den kleinen Engel aus Sandstein, die Statue, vielleicht dreißig Zentimeter hoch, stand einfach neckisch und unangeschraubt auf einem Sockel. Eigentlich recht fahrlässig, vor einem öffentlichen Gebäude, Gegenstände der

Allgemeinheit nicht zu sichern, denn es handelt sich bei diesem Haus um den Sitz der Steuer, wie mich ein Messingschild nach flüchtigem Blick belehrte. Nehmen wir an, daß theoretisch ein Mensch wütend über den Steuerbescheid seine Wohnung verläßt, um denen zu zeigen, daß er auch noch ein Mensch ist, und diesen steinernen Engel, wohlgemerkt, er trägt nackt wie er ist, zu allem Überfluß auch noch ein Füllhorn, wenn nun dieser Wütende, den Engel packen würde und einem Steuerbeamten auf den Kopf donnerte und dieser Angestellte nicht gerade tödlich, aber schwer verletzt in seinem drehbaren Bürostuhl zusammenklappte, das Blut aus seiner Wunde spritzte und die leblose Hand auf die Tastatur des Computers fiele, der Fuß im Reflex nach vorne gestreckt, traurig verrenkt, da er an den eisernen Adapter stieße, das wären Folgeschäden für den Staat in keinem Verhältnis zu meinem unwürdigen Diebstahl. Der Täter müßte verurteilt, psychiatrisch behandelt, der Verletzte gepflegt, das Computerprogramm geflickt, der Raum und der steinerne Engel von Blut gereinigt werden.

Ich nahm den Engel vom Sockel und rannte los, haltet den Dieb schrie jemand, und als ich mich umschaute, sah ich fünf Männer mit langweiligen weißen Hemden, die rannten wie besessen auf die Straße, jedes Kind hätte bei einem solchen Verhalten eine Ohrfeige gekriegt. Genau wie in jedem Krimi, winkelte ich rechts und links ab, rannte durch Gassen und Straßen, überquerte Plätze und Brücken, hinter mir immer mehr Menschen, alles rannte, die Straßenbahnen blieben stehen, Autofahrer pflaumten sich an, Polizisten mischten sich in die Menge, ich glaube kaum, daß einer der hintersten Hundert überhaupt noch wußte, um was es bei dieser Raserei eigentlich ging. Ein Touristenpaar aus Japan fotografierte, die dachten wohl, es sei der Silvesterlauf und das mitten im Frühling, die haben halt alle keine Ahnung von unseren Volksbräuchen. Den Engel konnte ich kaum noch halten, er war sehr schwer und sperrig, ich rannte mit letzter Kraft eine steile Treppe hoch und war dann in der Kirche, die Menge, die einen wohl zu faul, blieben unter dem Kirchenhügel am Fluß und johlten weiter, ein paar Verwegene stiegen die Stufen hoch bis zur Mitte, doch dann läuteten zu meiner großen Freude die Kirchenglocken, und jeder, der zählen konnte, zählte die fünf dumpfen Glockenschläge mit, Feierabend ... alle Beamten, Arbeitslose und Altersversorgungs-Rentner gaben die Verfolgung auf und gingen gruppendynamisch zum volksfesten über.

Ich schlich mich in den Beichtstuhl und drückte den steinernen Engel in meinen Bauch und erbrach mich fast von der geleisteten Anstrengung. Wie gesagt, ich bin nicht religiös und kenne mich in Kirchen nicht sonderlich gut aus, auf jeden Fall, mußte ich die Pfarrerseite des Stuhles benutzt haben, ich saß auf geweihtem Holz, hustete und schnaufte. Die Luft war eigenartig, ein bißchen eingefroren, nicht kalt aber so unnütz gefangen, ich weiß nicht genau, wann, aber ich mußte eingeschlafen sein, ich träumte gartentechnisch italienisch, ich war eine ganz normale Großgutsbesitzerin, lebte in meiner Schattenoase, lag auf einem Liegestuhl und bewunderte über die braungebrannten Zehen hinweg die lieblichen Steinfiguren, die angemoost unter den Bäumen standen. Das schöne am Traum war das zeitlose Empfinden, ich befand mich in irgendeinem Jahrzehnt, in schönster Umgebung, hatte kein schlechtes Gewissen, keine Existenzängste, kein Bauchweh, nichts. Ich lag genüßlich da, doch plötzlich wurde es in diesem Traum eigenartig feucht, eine unmenschliche Zunge kam zwischen den Statuen hervor und leckte mich, ich versuchte mich zu wehren, doch die Zunge blieb beharrlich, keine Körperstelle wurde verschont, die Zunge fuhr über den Bauch, zwischen die Zehen und selbst in die Ohrgänge.

Irgendwie erwachte ich endlich, mein gestohlener Engel ruhte auf meinen Schenkeln, die Luft im Beichtstuhl hatte sich mit allem Sauerstoff aus dem Staub gemacht, es war fast stockdunkel, ich raffte mich auf. In dem Moment gewahrte ich zu meinem größten Schreck, daß nebenan jemand saß, ich wurde fast ohnmächtig vor Angst, mir kamen wieder die fünf Beamten mit den gescheitelten Frisuren in den Sinn, das sprudelnde Menschenvolk unter dem Kirchenhügel und die trostlosen Zellen in den Gefängnissen.

Die ganze Geschichte spielte sich vor einigen Wochen ab, und seit da kommt jede Nacht diese Zunge und leckt mich, ich habe über sechs Kilogramm abgenommen, meine Haut fühlt sich blechern an, nicht ein Gartenplanentwurf ist mir gelungen, kaum zeichne ich mit dem Zirkel die Bäume und Großsträucher ein, verfärbt sich der Plan vor meinen Augen, zuerst rosa, später rot, wird feucht und zu meinem Entsetzen sehe ich nur noch Zunge, ich fühle, wie sie sich auf mich stürzt, und sofort muß ich meinen Arbeitsplatz verlassen, meist flüchte ich auf eine Autobahnbaustelle und setze mich auf den Beton, möglichst weit weg von Bäumen und Sträuchern, starre, die Augen weit geöffnet, vor mich hin und versuche die Zunge zu vergessen. Ich brauche Hilfe, der Mensch muß doch schlafen. Ich kann mich doch nicht länger Nacht für Nacht ablecken lassen, ich bin kurz vor dem Zusammenbruch oder schon mitten drin.

Doch zurück in den Beichtstuhl, ich hörte ein Wimmern, ein ganz verzweifeltes Wimmern, das mich seltsam berührte, ein animalisches Geräusch, auf jeden Fall beruhigte ich mich vorerst, ich konnte mir nicht vorstellen, daß ein Polizist oder ein Beamter oder wer auch immer mich als Dieb stellen wollte, mich anwimmert. Ich horchte einfach und besann mich darauf, wie ich den Stuhl unerkannt verlassen könnte. Vorsichtig nahm ich den Engel in die Hand und schob meine Füße in eine andere Position, doch das Holz knarrte und das Wesen nebenan wimmerte ein wenig lauter und sprach in einem seltsamen knurrigen Ton, mit Mühe verstand ich den Inhalt. Es schimpfte über seine Mutter und gestand mir, das heißt natürlich dem Pfarrer, es hätte vor Jahren seine Mutter erschossen, oben im Jura, zwischen Tannen und lieblichem See sei sie dagelegen, Schaum ums Maul und Blut wo das Auge hinreichte, die Zunge, diese verdammte Zunge zwischen den gelblichen Zähnen hervorhängend. Das Wesen brüllte und tobte los, es klang furchterregend, ich nahm meinen gestohlenen Engel und flüchtete aus dem Beichstuhl.

Seit dem Altertum ist im Volksglauben belegt, daß der Bär als gestaltloses, unförmiges Stück Fleisch geboren und erst durch die Mutter in die richtige Form geleckt wird. In seltenen Fällen leckt die Bärenmutter ihr Junges zum Menschen, diese Bärenmenschen, betrogen um ihren animalischen Winterschlaf, neigen zur Gewalttätigkeit, die sich oft in unmenschlichen Aggressionen gegenüber ihren Müttern äußert. Das Aussterben der Bären ist folgedessen eine natürliche Eliminierung der eigenen Sippe und hat, was von Naturfreunden fälschlicherweise immer wieder behauptet wird, nichts mit der Zerstörung der Umwelt zu tun.

Bären als Nebenkläger

HELENA, 6. Februar (AP). Ein Bezirksgericht in Washington steht vor einer delikaten Aufgabe: Umweltschützer reichten dort am Donnerstag Klage gegen den geplanten Abbau von Kupfer- und Silbervorkommen durch ein Schürfunternehmen im Nationalwald Kottenia (US-Staat Montana) ein. Als Nebenkläger wurden 20 Grizzly-Bären benannt, die in dem Waldgebiet leben und durch das Minenprojekt von der »Ausweisung« bedroht sind. Die erste Verhandlung wurde für den 6. März anberaumt.

Frankfurter Rundschau

Evelyn Waugh
Sebastian und Aloysius

Schon längst ehe ich mit Sebastian zusammenkam, kannte ich ihn vom Sehen. Das war unvermeidlich, da er infolge seiner Schönheit, die jeden fesselte, und der Exzentrizität seines Benehmens, die keine Grenzen zu kennen schien, von seiner ersten Woche an die auffälligste Figur seines Jahrgangs war. Ich bekam ihn das erste Mal zu Gesicht, als wir in der Tür von Germer aneinander vorbeigingen, und bei dieser Gelegenheit machte sein Aussehen auf mich weniger Eindruck als die Tatsache, daß er einen großen Teddybären mit sich trug.

»Das«, erklärte der Friseur, als ich mich niedersetzte, »war Lord Sebastian Flyte. Ein *sehr* amüsanter junger Herr.«

»Scheint so«, sagte ich kühl.

»Der zweite Sohn des Marquis von Marchmain. Sein Bruder, der Earl of Brideshead, ist letztes Trimester fertig geworden. Ja, der war *ganz* anders, ein sehr stiller Herr, ganz wie ein alter Mann. Was, meinen Sie wohl, hat Lord Sebastian gewünscht? Eine Haarbürste für seinen Teddybären; eine mit sehr harten Borsten, *nicht*, so hat Lord Sebastian gesagt, zum Bürsten, sondern damit er ihm mit Prügeln drohen kann, wenn er eigensinnig ist und bockt. Er hat eine sehr hübsche Elfenbeinbürste gekauft und *Aloysius* darauf eingravieren lassen – so heißt der Bär.« Der Mann, der schon reichlich Zeit gehabt hatte, den Phantasien der jüngeren Studenten überdrüssig zu werden, war offensichtlich ganz hingerissen. Ich aber blieb ablehnend, und die Gelegenheiten, bei denen ich ihn nachher sah, einmal fuhr er in einem alten Hansom Cab spazieren, und einmal dinierte er mit falschem Bart im George, trugen nicht dazu bei, mich zu besänftigen, obwohl Collins, der Freud las, über eine Reihe von Fachausdrücken verfügte, die allem gerecht wurden.

Auch waren die Umstände, unter denen wir uns schließlich kennenlernten, alles andere als erfreulich. Es war im Frühmärz, kurz vor Mitternacht; ich hatte die College-Intellektuellen zu Glühwein bei mir gehabt; das Feuer prasselte, die Luft meines Zimmers war schwer von Rauch und Gewürzdüften, und mein Geist erschöpft von Metaphysik. Ich riß meine Fenster auf, und vom Hof draußen drangen die keineswegs ungewöhnlichen Töne weinseligen Lachens und unsicherer Schritte herein. Eine Stimme sagte: »Halt da«; eine andere: »Komm weiter«; eine dritte: »Noch viel Zeit ... Haus ... bis Tom aufhört zu läuten«; dann kam wieder eine andere, heller als die übrigen: »Ich muß sagen, mir ist ganz unerklärlich übel. Ich muß euch eine Minute allein lassen«, und an meinem Fenster zeigte sich das Gesicht, das ich als das Sebastians kannte, doch nicht, wie ich es sonst gesehen hatte, belebt und erhellt von Fröhlichkeit; er blickte mich einen Augenblick aus Augen an, die nichts sahen, dann beugte er sich weit in das Zimmer herein, und es wurde ihm übel.

Es war nichts Außerordentliches, daß Dinnergesellschaften so endeten; es gab sogar bei solchen Gelegenheiten einen allgemein anerkannten Tarif zur Entschädigung des dienstbaren Geistes; wir alle lernen es unter Versuchen und Irrtümern, zu vertragen, was wir trinken. Darin, daß Sebastian in seiner Not sich ein offenes Fenster aussuchte, lag auch eine Art wahnwitziger und bestechender Ordnungsliebe. Aber trotz alledem blieb es ein Zusammentreffen, das unter ungünstigen Auspizien stand.

Seine Freunde trugen ihn zum Tor, und nach einigen Minuten kehrte der Gastgeber der Gesellschaft, ein liebenswürdiger Eton-Absolvent meines Jahrgangs, zurück, um sich zu entschuldigen. Auch er hatte einen Schwips, seine Erklärungen wiederholten sich etliche Male und wurden schließlich tränenreich. »Es waren zu verschiedene Weine«, sagte er; »weder die Qualität noch die Quantität ist an dem Malheur schuld. Es war das Durcheinander. Wenn Sie das einmal erfaßt haben, sind Sie der Sache auf den Grund gekommen. Alles verstehen heißt alles verzeihen.«

»Ja«, antwortete ich, aber ich konnte den am Morgen fälligen Vorwürfen Lunts nur mit Besorgnis entgegensehen.

»Zwei Krüge Glühwein auf fünf«, sagte Lunt, »und *das* ist passiert. Nicht einmal zum Fenster hab ich können. Wer's nicht vertragen kann, soll's bleiben lassen.«

»Daran ist niemand von meiner Gesellschaft schuld. Es war jemand von einem anderen College.«

»Na, das Wegputzen ist auf jeden Fall widerwärtig, ganz egal, wer's war.«

»Auf dem Buffet liegen fünf Shilling.«

»Das hab' ich gesehen, und vielen Dank auch, aber lieber wären mir kein Geld und keine solchen Sachen, *jeden* Morgen.«

Ich nahm meinen Talar und überließ ihn seiner Arbeit. Damals frequentierte ich noch die Hörsäle, und als ich ins College zurückkam, war es schon nach elf. Ich fand mein Zimmer voll Blumen; Mengen, die man für den ganzen Tagesvorrat eines Blumenstandes halten konnte, und die es in der Tat auch waren, standen in allen erdenklichen Gefäßen überall im Zimmer umher. Lunt ließ die letzten davon gerade in braunes Papier verschwinden, um sie dann mit sich nach Hause zu nehmen.

»Lunt, was ist das alles bloß?«

»Der Herr von gestern nacht, Sir, er hat einen Brief für Sie dagelassen.«

Der Brief war mit schwarzer Kreide auf einen ganzen Bogen meines kostbaren Whatman-HP-Zeichenpapiers geschrieben: *Ich bin ganz zerknirscht. Aloysius weigert sich, mit mir zu reden, bis er sieht, daß mir verziehen worden ist; kommen Sie also heute zum Lunch zu mir, bitte. Sebastian Flyte.* Ich mußte denken, es sei doch typisch für ihn, vorauszusetzen, ich müßte wissen, wo er wohne, aber schließlich wußte ich es ja auch wirklich.

»Ein sehr amüsanter Herr, es ist wirklich ein Vergnügen, nach ihm sauberzumachen. Ich nehme an, Sie sind zum Lunch nicht da, Sir. Das habe ich auch schon Mr. Collins und Mr. Partrige gesagt – sie wollten zum College-Menue zu Ihnen kommen.«

»Ja, Lunt, ich esse auswärts.«

Diese Lunchgesellschaft – denn es stellte sich heraus, daß es eine Gesellschaft war – bedeutete den Anfang eines neuen Abschnitts in meinem Leben, aber was sich damals im einzelnen zutrug, ist mir verdunkelt und überlagert von zahllosen anderen nahezu identischen, die in diesem Trimester und dem nächsten einander jagten wie übermütige Cupidos auf einem Renaissancefries.

Sebastian wohnte in Christ Church, hoch oben in den Meadow Buildings. Als ich kam, war er allein und schälte ein Kiebitzei ab, das er aus dem großen Moosnest in der Mitte seines Tisches genommen hatte.

»Ich habe gerade gezählt«, sagte er. »Es waren fünf für jeden und zwei zuviel, und da esse ich die zwei. Ich bin ganz unerklärlich hungrig heute. Ich habe mich ganz und ohne Rückhalt in die Hände von Dolbear und Goodall gegeben und komme mir so vergiftet vor, daß ich zu glauben anfange, der ganze gestrige Abend war ein Traum. Bitte, wecken Sie mich nicht auf.«

Er war von einer zauberhaften Schönheit, jener geschlechtslosen Schönheit, die in der Jugend allzu überschwenglich nach Liebe dürstet und beim ersten kalten Windhauch verwelkt.

Sein Zimmer barg ein seltsames Durcheinander von Gegenständen – ein Harmonium in gotischem Gehäuse, ein Elefantenfuß als Papierkorb, Wachsfrüchte unter einer Glasglocke, zwei übergroße Sèvres-Vasen, gerahmte Daumierzeichnungen – das Ganze wirkte noch grotesker inmitten der strengen Collegemöbel und vor dem großen Lunchtisch. Seinen Kaminsims bedeckten Einladungskarten von Damen der Londoner Gesellschaft.

»Dieses Biest von Hobson hat Aloysius ins Bett gesteckt«, sagte er. »Das ist übrigens vielleicht ganz gut, da ja doch keine Kiebitzeier für ihn dagewesen wären. Sie müssen wissen, daß Hobson Aloysius haßt. Ich wollte, ich hätte einen Aufwärter wie Ihren. Er war heute morgen ganz reizend zu mir, und viele andere wären wahrscheinlich sehr barsch gewesen.«

Irmela Brender

Von Janko, den Bären und dem Elend aller Kreatur

Es ist erst ein paar Jahrzehnte her, daß sich die Geschichte mit Janko und dem Bären begab. Oder den Bären. Denn eigentlich waren es zwei, die ihn zum Staunen und zum Rätseln brachten in seiner sonst geheimnislosen Welt, und ohne den ersten wäre er mit dem zweiten wohl ganz anders umgegangen – peng, baff, so.

Janko lebte als Bergbauer in der Hohen Tatra, wie vor ihm der Vater und der Großvater. Die Großmutter hatte ihm, da war er noch ein Kind, vom ersten Bären erzählt. Als junges Mädchen hatte sie im Dorfwirtshaus gearbeitet. Eines Tages trank dort ein Fremder ein Bier, ein Mann ohne Woher und Wohin und von verwegenem Äußeren, und als er sein Glas geleert hatte, fragte er, ob es einen Saal im Wirtshaus gebe, dann wollte er den Wirt sprechen. Die Großmutter, die damals ja noch keine war – während sie erzählte, versuchte sich Janko das Mädchen mit der Schürze vorm Bauch und den Biergläsern in der Hand vorzustellen –, sie also sah, als sie den Wirt holte, im Hof den angebundenen Bären. Ein großes, braunes Tier, kräftig die Beine, massig der Rumpf, und die kleinen Augen im runden Kopf kamen ihr gleich traurig vor, obwohl, sie gab es zu, sie sich das wahrscheinlich nur eingebildet hatte.

Der Fremde wurde mit dem Wirt einig, und an drei Abenden gab er im Wirtshaussaal eine Vorstellung. Zuerst machte der Mann Musik. Er spielte mal Ziehharmonika, mal Fiedel, daß es einem in die Beine fuhr. Die Gäste tanzten und tranken, die Kellnerin brachte Bier um Bier, der Wirt zapfte mit Vergnügen. Und wenn es Zeit war für eine Pause, dann tanzte der Bär, der bis dahin in der Ecke gelegen hatte. Der Fremde spielte auf der Geige eine langsame Melodie, bei den ersten Tönen richtete der Bär sich auf. Er stellte sich auf die Hinterbeine, und, sagte die Großmutter, »während das Geigenlied am Herzen zog, patschte der Bär auf seinen Hintertatzen hin und her, hin und her, er hob die Vorderbeine in die Luft und drehte sich langsam rundherum und rundherum, und wie der Mann so spielte, und wie der Bär so tanzte, da verstand man plötzlich das Elend aller Kreatur. Unter den Rippen wurde es einem leer davon.«

Warum das so war, konnte die Großmutter nicht erklären. Sie versuchte höchstens, es vorzumachen, hob die mageren Arme, tappte auf den gichtigen Füßen hin und her, drehte sich auch rundherum, aber gleich wurde ihr schwindelig, außerdem fehlte die Musik. Wenn sie sich dann wieder gesetzt hatte, erzählte sie nur noch, daß der Fremde mit dem Bären bald weiterzog und daß sie selbst kurz darauf heiratete, den Bergbauern, der dann Jankos Großvater wurde. Irgendwie schien das alles zusammenzuhängen.

Janko heiratete nicht. Er begrub die Großeltern und dann die Eltern und lebte allein in seinem Haus auf seinen paar Feldern, die ihn gerade so ernährten. Er arbeitete und aß und trank und schlief, und nach dem Frühling kam der Sommer und so weiter, und es gab immer was zu tun.

An einem Herbstabend kam er vom Hacken nach Hause. Die Tür stand offen, es roch seltsam scharf. Janko zog im Dunkeln die Stiefel aus, nahm sich einen Kanten Brot, ging in die Ecke zu seinem Bett und fand ein feuchtes, massiges Fellbündel darin. Er griff danach – es brummte. Ein Tier. Ein Bär. Janko schrie, er stieß mit dem Hakkenstil ins braune Fell, er zog an den kurzen Haaren, aber der Bär brummte nur, wälzte sich ein bißchen und schlief weiter. Janko machte sich schließlich ein Lager auf der Bank. Am nächsten Morgen war der Bär verschwunden, die Milch im Eimer hatte er ausgetrunken. Das Bett roch noch nach ihm. Janko legte die Decken hinaus in die Sonne.

Verschiedene Möglichkeiten fielen ihm ein, wie er die Tür versperren könnte. Er holte sogar einen Balken aus dem Schuppen, doch dann trug er ihn wieder zurück und ging wie gewohnt aufs Feld, war aber schon am späten Nachmittag wieder zu Hause. Der Bär kam, als es dunkel wurde. Er stieß die Tür auf, schob sie mit der Schnauze hinter sich zu, tappte durch den Raum, schüttelte sich, tappte weiter zum Bett und legte sich darauf.

Janko lachte. Janko schimpfte. Janko, ans Reden nicht gewöhnt – mit wem sollte er auch reden? – sagte Sätze, die in seinen eigenen Ohren närrisch und zugleich wie halb vergessen klangen: »Was denkst du dir eigentlich? Das kommt gar nicht in Frage! So was macht man nicht! Was fällt dir ein? Du wirst schon sehen –!« Erst als der Bär brummte, hörte Janko auf damit, ging hinaus, setzte sich auf die Schwelle und schaute in die Nacht.

Das Haus war jetzt anders. Nicht nur, daß es darin stank. Es kam Janko auch größer vor, mit Platz für Geräusche, die nicht seine waren, mit Raum für Bewegungen, an die er nie gedacht hätte. Der Bär machte, was er wollte. Er kam und ging, tappte herum und legte sich hin, brummte und schlief, blinzelte aus kleinen Augen ins Licht, trank die Milch, ging und kam.

Janko gewöhnte sich an zu reden, wenn der Bär da war. »Na du, wie war es heute? Was hast du gefressen? Wen hast du getroffen? Eine Bärin, wie? Nichts dagegen! Hab deinen Spaß, Alter. Wir kommen miteinander aus, das siehst du. Auf der Bank schläft es sich nicht schlecht, man gewöhnt sich an alles. An dein Brummen, an dein Tapsen, an deinen Geruch. Das Haus hat Platz, ich hatte es vergessen, fast wie damals, als sie noch da waren, der Vater, die Mutter, die Großmutter … Hab ich dir erzählt, wie dein Verwandter tanzte? Zur Melodie von der Fiedel hob er die Pfoten, er drehte sich so, und so, und so …«

Der Bär brummte, der Bär schlief, der Bär machte, was er wollte, und das Haus war für alles groß genug.

Eines Abends blieb der Bär weg. Janko wartete. Janko fragte ins Leere: »Du willst doch immer schlafen. Hier. Das Bett ist leer. Die Milch ist im Eimer. Niemand tut dir was. Draußen aber, in der Nacht … Was hab ich dir getan? Die Tür ist nicht verriegelt. Ein Stups von deiner Schnauze genügt, und du bist hier. War ich – bin ich – hab ich – warum?«

Er ging in den Wald und kam allein wieder. Er suchte auf dem Feld und kehrte einsam zurück. Das Haus war leer und klein und still. An manchen Abenden drehte sich Janko darin im Kreis und hob die Hände, auch ohne Musik zog ihm was am Herzen, und unter den Rippen wurde ihm leer vom Elend aller Kreatur.

Mascha Kaléko

Der Polarbär mit Schlußgebet

Der Eisbär, weil im Eis geboren,
Ist von Natur recht unverfroren.
Wird er von allen kaltgestellt,
Grinst er: »Mich kann die ganze Welt …«
Und legt sich auf die Bärenhaut.
– Ach wären wir doch so gebaut!
Statt nur neurotisch-schizoid.
… *Herr:* schüfst Du uns *polaroid!*

Hans Pleschinski

Wunden heilen

Gieslinde Keßler verließ das Hotel *Excelsior.* Die 62jährige Lehrerin schulterte ihr Täschchen. Der dünne Lackriemen endete in Hüfthöhe in einer Art Lackschatulle fürs Nötigste: Papiertaschentücher, Lire, Brille, Stadtplan und Personalausweis.

Die Heidelberger Erzieherin für Biologie und Englisch trat auf den Corso Matteotti.

Es war eine gute Idee gewesen, vor einer der letzten Kampfphasen mit Schülerinnen, denen die Paßenge der Jeans wichtiger war als das Wunder der Parthenogenese, mit dem aufmüpfigen Primaner Gerd Reinhard, der sich am Hals hatte tätowieren lassen, einen Kurzurlaub einzuschieben.

Der Mensch brauchte Freunde! Eigentlich immer! Zumindest aber ein, zwei Mal im Jahr.

»Permesso …«

»Ah, mi dispiace«, räumte die Lehrerin einer Passantin den Weg, die wegen ihrer Zwillingskarre und Weißbrotstangen viel Platz brauchte.

Syrakus lag da in blendendem Licht.

Der erste Morgen von drei Tagen Syrakus und einem Tag in Noto – der berühmten, aber keineswegs überlaufenen Barockstadt – durfte dem Flanieren gelten.

Gieslinde Keßler freute sich auf einen kräftigen *caffè* hier und da an einer Bar … vielleicht sogar schon auf einen Aperitif am frühen Vormittag. Warum nicht schlicht, wie es schlicht hieß, das Leben leben? Feine, hochprozentige Mandelsachen gab es hier. Auch einen Likör aus gefrorenen Ätna-Trauben. Das war schön. Das war lustig. Aber das war hier normal: Im Morgenverkehr der Innenstadt sah die Heidelbergerin ein dreirädriges Töfftöff vorbeiknattern. Der Melonenberg auf der Ladefläche lag stabil.

Der Süden! Immer wieder eine Wohltat! Warum wurde Nordeuropa nicht südländischer? Die Nordeuropäer reisten doch fortwährend in den Süden! Warum waren sie dann im Norden wieder gehässig, finster, verspannt bis zur Infarktgrenze? War es möglich, daß Menschen viel sahen, aber gar nichts lernten? Denn nach all den Urlauben, die Deutsche in Spanien zugebracht hatten, hätte es auch in Deutschland zum Beispiel muntere *Tapas*-Bars mit köstlichen Imbissen geben können. Zumindest das!

Die Kurpfälzerin hatte sich vor ihrer Reise das Haar rot tönen lassen. Mit Wind im Haar, der von Libyen her wehte, schaute sie, ob sie in Richtung Dom oder in Richtung der antiken Nekropolen schlendern sollte.

Das war eins. Gieslinde Keßler schritt die eingeschlagene Richtung weiter.

Seide. Der Himmel war wirklich Seide. Wenn auch der Smog eine leichte Schattierung des Azurs bewirkte.

Reich war Syrakus.

Der zweisame Aufenthalt vor vielen Jahren hatte einen im Nu darüber belehrt: Es gab ein römisches Theater. Das war noch das Geringste. Dieser Ort, mit einer Halbinsel im Ionischen Meer, war 3000 Jahre alt, war zeitweise die größte Stadt des Altertums gewesen, und die Griechen hatten ihrerseits ein Theater hinterlassen, Totenstädte. Dem antiken Hafen gegenüber lag die Festung der Byzantiner. Nach Griechen, Römern, Westgoten, waren es die Byzantiner gewesen, die vor den Arabern, Normannen, Friedrich II. von Hohenstaufen, den Spaniern, dann den vereinigten Italienern über diese Polis geherrscht hatten. Ein solcher Ort hatte Anspruch darauf, einmalig genannt zu werden.

Sicherlich ging man über verschütteten Amphoren, in denen Wein des Jahrgangs 550 vor Christus ruhte. Möglicherweise pulst in den Adern des Fiat-Fahrers, der in der zweiten Reihe parkte, Gladiatorenblut. Im alten Heidelberg reichte alles hauptsächlich auf die Pfalzverwüstung durch den Général Mélac zurück.

Der blaue Melonentransporter kam zurück. Oder war es ein anderer? Gab es einen dreirädrigen Melonen-Fahrdienst?

Geschäftsleute schoben mit langen Stangen die Eisenjalousien ihrer Schaufenster hinauf. Der Autoverkehr bildete eine Schneise. Mit heulendem Signalhorn bretterte ein Krankenwagen vorbei.

»Come sta?«

»Va bene. Buongiorno, Signora Capelli!« hörte Gieslinde Keßler zuerst neben sich, dann über sich, wo eine Frau mit Gießkanne zu einer Schwarzhaarigen mit beträchtlichem Goldschmuck hinuntergrüßte. Das Schmuckgehänge brauchte gar nicht zu verwundern! Allein das fälschlicherweise als marode verrufene Norditalien erwirtschaftete das dreifache Bruttosozialprodukt Großbritanniens. Hier ging es unter der straffen Mafia-Führung wirtschaftlich teilweise insgeheim noch besser …

Die Lehrerin wandte sich nach rechts.

Einem vagen Gespür der Erinnerung folgend, konnte die Straße zum Arethusa-Brunnen führen. Dort war in der Göttervorzeit eine Nymphe versteinert worden, oder so etwas … dort waren Cafés, dort schwammen Syrakus' legendenumrankte Goldfische.

Von fern her leuchtete das Molen-Blau.

Die Lehrerin, mit alten, praktischen Schuhen, aber einer neuen, weißen Bluse, entsann sich nicht exakt, ob sie seinerzeit mit Peter Keßler diesen Weg gegangen war. Längst noch nicht geschieden, vielmehr frisch verliebt, hatten sie anno '66 oder '67 die Propellermaschine nach Catania genommen – so aus dem Liebesschwung heraus – und hatten sich durch die Betten und über die Fliesen einer Pension in Syrakus gevögelt. Mit dem ganzen Saft seiner Lenden, in allen Positionen, deren der Knochenbau fähig ist, unter dem Schwur: »Immer nur du!«

Zwischen den Barockzeilen einer Via Zanagona blieb Gieslinde Keßler stehen. Was für eine entsetzliche Erinnerung. Wenn diese bedingungslose Liebe gehalten hätte, wäre sie eine schöne Erinnerung gewesen. Aber der undisziplinierte Mann wurde untreu! Hatte selbstverständlich eine Sekretärin gehabt! Hatte Messe-Reisen vorgeschoben. War mit der eigenen Schwiegermutter ... – Gieslinde Keßler wurde schlecht, wenn sie an ihre gräßliche, endlich verstorbene Mutter dachte – ins Bett, hatte schließlich sogar den Scheidungstermin verpaßt wegen eines Urlaubs mit einem Flittchen!

Satanas. Und hoffentlich auch schon tot.

Gieslinde Keßler schüttelte sich, als könnte sie mitten in Syrakus eine Erinnerung loswerden, und auch endlich noch diesen Namen *Keßler* von sich abwischen.

Die längst korpulenter gewordene 62jährige atmete durch.

Es war über zwanzig Jahre her.

Das berührte sie nicht mehr. Nein, es konnte dem Gemüt nicht mehr zusetzen, vor einem knappen Menschenalter verliebt gewesen zu sein, zurückgeliebt, dann betrogen und erniedrigt worden zu sein. Es war gut, allein zu sein. Sehr gut.

Es war zauberhaft, als verwandelter Mensch einfach zu leben, tüchtig zu arbeiten, auf eigene Verantwortung zu reisen. Wahnsinn, krankhaft, alles an einen Menschen hängen zu wollen, den Sinn seiner selbst aus der Gegenwart, dem Dasein eines Partners schöpfen zu wollen!

Die 1972 geschiedene Lehrerin fuhr sich durchs Haar, zog den Lacktaschenriemen zurecht. Es war nun das allerletzte Mal, daß sie auch nur ein Gran eines Gehirnzellenbruchteils Peter Keßler geweiht hatte. In einem Restaurant hatte sie ihn einst wiedergesehen, ihm einen Teller Nudeln ins Gesicht geworfen; auch schon lange her. Jetzt mochte das einst betörende Monstrum längst verscharrt sein und mochte mit letzten Skelettbewegungen auch noch meisterhaft die Grubenwürmer ficken!

»Lotteria, Signora, lotteria?«

Gieslinde Keßler winkte ab. Der alte Mann mit einem Holzkreuz voller farbiger Papierschnipsel zog weiter.

Ein Dampfer ankerte in der Bucht. Man sah das Oberdeck unter zarter Dieselfahne. Die Barockbauten links und rechts waren eine Pracht. Die sonnenverwitterten Schnörkel reichten bis unter die Dächer. Von den Balkonen wollten sich die Blumen garbenweise auf die Straße ergießen. Und Volieren mit Kanarienvögeln hatten sie hier gern.

Dies war ein Ort fürs Alter. Wann man irgendwo in Europa seinen Lebensabend in gesetzter, sonniger Würde zubringen wollte, dann war Syrakus und Umgebung das wahre Utopia: Balkons, Ätnatrauben-Likör, Brise von Afrika, Papyros-Haine, in denen einst Flamingo, sizilianischer Bär und Luchs gelebt hatten.

Gieslinde Keßler bog um die Ecke.

Die Piazza um den Arethusa-Brunnen war belebt. Auf dem byzantinischen Kastell wehte die Fahne der Republik. Der Yachthafen tat sich auf. Es war gut, auf sich gestellt zu sein. Wenn man allein war, lernte man sich gerade durch all seine Depressionen besser kennen. Wenigstens wußte man, daß man doch nur auf sich selbst bauen konnte. Das Alleinsein machte stark, das Alleinsein stählte, wenn es nicht zerbrach. Und tauchte für den zeitgenössischen Einzelmenschen ab und zu nicht ein purerer Genuß auf als für den, der etwas Zweites hinter sich herzerrte oder ihm – im Sinne einer Partnerdynamik – hinterherlief?

Abgründig pur war das Solosein. Und das war ja auch etwas.

Mit anderen Touristen, die vom *Ohr des Dionysios* kamen, jenem Steinschlund, durch den der Tyrann Gefangene belauscht hatte, reihte sich Gieslinde Keßler in den Troß, der auf der Hafenmauer spazierte. Ein paar von ihnen würden auch in Noto zu sehen sein. Bei Millionen von Reisenden sähe man Bekannte bald ohnehin eher woanders als daheim. Die Menschen latschten den verheerten Erdball platt.

Gieslinde Keßler wollte, zumal sie darin inbegriffen war, nicht verbiestert sein.

Der weiße Dampfer *Smolensk* tutete. Das ehemalige UdSSR-Schiff fuhr unter einer neuen Flagge der Zerfallsstaaten des Ostens. Nur am Heck war noch »CCCP« zu lesen. Lenin, Stalin, Andropow … das war in der Vorzeit.

»Wir müssen uns beeilen. Das Delta wird heute nachmittag über den Winter zugemacht. Wir essen danach.«

»Laß doch das Delta!«

»Aber, Gerda, das Kyane-Delta ist unvergleichlich!«

»Richard, ich will mein Mittagessen. Ein Delta kannst du dir auch vor Hamburg anschauen.«

»Aber das ist hier das berühmte Quell-Labyrinth mit Papyros …«

Das norddeutsche Ehepaar überholte Gieslinde Keßler. Die weltberühmte Kyane-Quelle, das zauberische Delta, wo eine weitere widersetzliche Syrakus-Nymphe von den Göttern zum Quell verwandelt worden war, machte am Nachmittag für Monate zu? Damit sich der Sagenort von den Besuchern erhole? Wegen Sanierungsarbeiten? Keinen Kaffee auf der Piazza!

Gieslinde Keßler zögerte nicht. Es war unumgänglich, daß sie als Touristin und Naturkundlerin das Papyros-Labyrinth anschaute. Es galt als einmaliges Biotop.

»Taxi«, war das erste laute Wort der geschiedenen Heidelbergerin an diesem Oktobertag: »Taxi!«

Gleich der erste gelbe Wagen mit Chassis-Banderole hielt.

»Per il Fonte di Ciane«, kramte die Urlauberin nun frisch entschlossen aus ihrem Wortschatz, der zum Teil auf Opernabende in Verona zurückging.

Beim Besuch mit Peter Keßler in Syrakus war man vor Liebesglut in der Pension *Dionysos* und in den Bars nicht bis zur Kyane-Quelle vorgestoßen. Aber sie sprudelte dicht vor der Stadt.

Der sizilianische Taxifahrer bog vor weiteren Barockbauten nach links, überquerte eine Art Gracht, Fleet, welches die Altstadt vom Festland trennte, hupte sich einen hierzulande immer monumentalen Corso Umberto I. entlang, folgte der Ausschilderung nach Noto und erreichte ein Gebiet mit neueren, nicht zu Ende gebauten Häusern, wo private Müllkippen dominierten. Aus der Ferne grüßten die Halbrunde des römischen und des griechischen Amphitheaters. Antigone, Klytemnestra, Medea …

»E lungo a il Delta?«

»Gleix da«, hörte die Heidelbergerin.

»Come il fonte?«

»Können mit Bott fahren.«

»Come?«

»Mit Bott fahren!« Eine nicht ungefährliche Armbewegung des Italieners im Südverkehr machte klar, daß Gieslinde Keßler wohl einen Boot- oder Tretbootverleih in Anspruch nehmen mußte, um vor der Schließung den märchenhaften

Ort zu erreichen. Natürlich. Auch eine Kollegin hatte von der Mini-Rudertour geschwärmt.

Der nicht auf dem Kopf, aber im Nacken dicht behaarte Fahrer mit zahlreichen Familienfotos vor der Windschutzscheibe, bog ab. Nach wenigen Metern hielt er auf einem gut frequentierten Parkplatz.

Platanen und auch schon Schilf umgaben Busse aller Länder, umrahmten ein Blockhaus mit Tor in nächster Nähe: »Biglietti«.

Munter, ganz spontan, ein unbekanntes Ziel zu haben, zahlte Gieslinde Keßler einen Fahrpreis, der zu Hause von Heidelberg bis Schwetzingen gereicht hätte. Auch diese Unregelmäßigkeiten würde die EG bald eliminieren, mußte man hoffen, fürchten. Nun erst einmal Natur. Echter, wilder Papyrus. Der einzige in Europa. Der Dom, das Altstadt-Shopping würden nicht weglaufen; die Luft war gut, würzig von schwerer Feuchtigkeit.

Gieslinde Keßler kam in der kleinen Menschenschlange rasch voran. Nach drei Franzosen mit schwarzen T-Shirts war es an ihr, 20 000 Lire zu bezahlen, smaragdgrünes Wasser vor sich zu sehen, Blattwerk über sich und gleich kühn auf einen Bootssteg zu treten.

»L'Orso II.«

Der uniformierte Alte, dem Gieslinde ihr Ticket gegeben hatte, wies auf den Bootssteg zu einem der letzten Boote, die hier vertäut lagen. *L'Orso II* war vorne das dunkle Holz beschriftet, *Der Bär II*, und wahrscheinlich waren *Der Bär I, Il Cavallo III, La Gazella I,* und *La Galina, Die Henne* schon mit anderen Deutschen, paddelnden Asiaten und Bretonen unterwegs. *Il Lupo,* der einst auch hier umherstreifende Wolf, hielt auf den Wasserläufen vielleicht gerade auf Seerosen zu.

»Hopp, Signora, non è difficile.«

Gieslinde Keßler entsann sich, wann sie das letzte Mal gerudert war. Um 1970, mit Peter Keßler, auf der Edertalsperre. Nun mußte es ohne ihn gehen. Der greise Wärter half ihr, nachdem sie die Tasche von der Schulter genommen hatte, die Brille aufgesetzt, zum fatalen *Orso*-Kahn hinunter.

»Oh, huch!«

»Very easy, Signora, eh! Sporto! Il fonte is very calm ...«

Der Alte lachte mit wenigen Zähnen. So muß Urlaub sein. Erfrischend, spontan, authentisch.

Als sie über die Bootskante war, hangelte sich Gieslinde Keßler mit beiden Händen zum Sitzbrett vor, verstärkte das Kahnschwanken natürlich durch genau die falsche Gewichstverlagerung, kam aber schnell auf das Sitzbrett zu hocken. Sie lachte unsinnig und nahm die Rudergriffe.

»Andiamo! Siete forte, nonna! Andiamo!« Mußte sie sich hier im *Bären*-Kahn auch noch als kräftige Großmutter bezeichnen lassen?

»Dann mal ran, Gieslinde!«

War das Rudern so heikel? Nein, ein sinniger Bewegungsablauf war es. Nachdem das linke Paddel oberhalb des Wassers zweimal den Stegpfosten getroffen hatte, das rechte Paddel auf der Stelle gehackt hatte, zog Gieslinde Keßler mit seltsamem Genuß fort, ruhig ins Smaragdgrüne. Vollere Kähne, auch Boote mit nur einem Insassen tauchten allenthalben auf dem ruhigen Quellendelta hinter Schilfwänden, Seerosenteppichen und Bäumen auf. Die schlichten Transporter glitten fast lautlos unter silbrigen Zweigen in andere Nymphenwasserarme hinein. Es war paradiesisch. Dort im Schatten wiegte der erste Papyros.

Ein Liebespaar saß küssend im Boot vor den grünen Stauden.

Das war schier zu schön.

Die sizilianische Sonne sprenkelte durchs Blätterdach güldene Sesterzen, die Libellen schwirrten über Schilf und Wasserlabyrinth. Aqua Cyana.

Orso II machte gute Fahrt.

Daß man es alleine genießen mußte!

»Die Alte packt's nicht … Attenzione!« mit glückhaftem Manöver kam Gieslinde Keßler wieder aus der Reichweite eines Bootes, in dem Landsleute eilig offenbar dem Mietanleger zustrebten.

Gieslinde Keßler verharrte kurz.

Es gab offensichtlich Orte, an denen man mit Peter Keßler gewesen war, und Orte, die man nicht zusammen mit der großen Liebe inhaliert hatte. Dies hier war ein Reich, wo sie nicht mit ihm gewesen war – und obwohl die Welt sich seither zwanzigfach verändert hatte, und obwohl man selbst nicht mehr eine Zelle jener frühen Zeiten in sich hatte, konnte auch das fehlende gemeinsame Erlebnis betrüben.

War sie hörig gewesen?

Unsinn. Zwei Menschen hatten sich geliebt. Zwei Menschen hatten sich getrennt. Zwei Menschen hatten sich erniedrigt. Das kam im Leben millionenfach vor. Das vergaß man nach gut zwanzig Jahren. Nur grauenhaft, daß sie hinterher keinen Anschluß mehr gefunden hatte! Daß sie sich nie wieder hatte öffnen können. Daß sie kein naives vollständiges Vertrauen mehr in irgendwen, gleich wen, gesetzt hatte.

Gieslinde Keßler ruderte gemächlich weiter.

Die Oberarme würden schon am Abend vor Muskelkater schmerzen. Wo war die Quelle, wo die Wellenringe flossen? *L'Orso II* mußte hin. Welcher Frieden. Welche gute Luft über dem kleinen Delta, das sich irgendwo zu einem kleinen Flüßchen sammelte, das ins Mittelmeer floß. An dieser Stelle war momentan kein Verkehr. Hoffentlich versteuerte man sich hier nicht zu arg. Bei feuchter Luft wurden auch die Achseln der rudernden Heidelbergerin feuchter.

L'Orso I!

Die Schwesterschaluppe. Eine hübsche Begegnung.

Und was war das für eine unglaublich charmante Damenerscheinung, die dort mit dem Vordersitz des *Bären I* zum Vorschein kam? Den Florentinerhut sah man zuerst. Dann hörte und sah Gieslinde Keßler, daß die Dame lachte. Eine helle, übergehängte Jacke trug sie. Die Heidelbergerin sah schönes, weißes Haar. Die schlanke, edle Person, mit Fächer, verließ mit dem Rest des Bootes den Seitenarm.

»Und das hat der Portier gesagt …?«

»Wortwörtlich. Ja …«

»Zu komisch.«

»Das finde ich auch.«

Was war das?

Gieslinde Keßler ließ die Ruder fahren.

Die 62jährige Lehrerin merkte, daß sie mit Zähnen und Zahnersatz sich in die Zunge biß, ohne den dazugehörigen Schmerz wahrzunehmen. Geäst schob sich durch ihr Gesicht, und die Kielspitze ihres *L'Orso II* stieß ins Papyrus.

Was war das?

Die nach Luft schnappende Lehrerin griff sich aufs Herz. Ein Schrei entfuhr ihr, der in plötzlichem Reihergekreisch unterging.

»Der Fächer paßt zu dir, Dorothea …«

»O ja, danke.«

»Ist dir nicht zu heiß?«

L'Orso I: Peter Keßler – der Mann, den nicht einmal alle angebetet oder auch nur bewunderungswürdig gefunden hatten – war mit 69 Jahren, 4 Monaten und exakt 2 Wochen tot. Nein, der Mensch war nicht tot!

Peter Keßler – der Mann, der die Lust gegeben, sie dann mit sich fortgenommen hatte – befand sich in Süddeutschland oder ganz gleich wo auf der Welt. Nein, tat er nicht.

Gieslinde Keßler duckte sich. Mit Schwung warf sie sich nach vorn in *L'Orso II*, um nicht erblickt zu werden. Von *L'Orso I* tönten Ruderschläge. Es war Peter Keßler, es war ihr einziger Ehemann, der hier mit Lebensgefährtin entlangruderte.

In Syrakus! Im Herbst!

Gieslinde Keßler ballte die Fäuste, spreizte die Finger wieder. Die 62jährige hing am Papyros, atemlos.

»Aber laß uns bitte auch noch in Rom bleiben, Peter.«

»Wie du willst, mein Schatz. Doppelte Pension, doppelte Ferien ... Und dann zu deinen Kindern. Ich freu' mich schon, Kurt und Johann wiederzusehen.«

Gieslinde Keßler merkte, daß es so etwas gab wie plötzliche Verstandesstille. Ein Schuh von ihr hing hinten im Boot. Sie, die sich im nächsten Jahr pensionieren lassen wollte, lugte über den Bootsrand.

Weißhaarig war er geworden. Eine schmale Brille trug das Scheusal, das ganz Heidelberg gerammelt hatte und nun den Altersgefährten abgab. Wagte sich nach Syrakus zurück! An den Ort des Glücks! Hatte eine Dame bei sich, die er auch noch mit 69 glücklich machte, mit der er ein Appartement hier und da besaß … Reisen machte! … heißes Glück am Grabesrand!

Vor einer schwankenden Pflanzenwand spähte Gieslinde Keßler mit nur noch einem Auge.

Peter Keßler auf Rentnerurlaub! Zu zweit im Boot. Im Freizeitpullover, professionell zur Kyane-Quelle rudernd, voller Lebensbejahung … vielleicht auch schon todkrank …

O Gott, sie kamen näher.

Mit aufgeschürften Knien im Nymphendelta ging Gieslinde Keßler der Atem ganz aus: Liebe hatten sie sich einst geschworen bis zum letzten Tag. Liebe. Die Liebe hatte nicht immer gut sein sollen; aber durch dick und dünn hatten sie sich Liebe geschworen. Er hatte das verraten, den Schwur gebrochen, ER. Die Bestie.

Hinterm Kahnholz hockend, faßte sich Gieslinde Keßler auf die Brust: War sie vollends plemplem, daß sie von einem Menschen die völlige Treue erwartete, ein hausbackenes Zusammenkleben, bis daß der Tod es schied?

Der Ruderschlag von *L'Orso I* kam näher.

Es waren seine Arme, die das Wasser aufgruben.

»Peter, dann sollten wir Siesta machen …«

»Ja, Dorothea, aber laß uns vorher das Amphitheater anschauen.«

»Bestimm' du das nur.«

»Aber es soll dir doch auch gefallen, Schatz.«

Gieslinde Keßler bebte hinter ihrer *Bären-Zwo*-Verschalung. Der Traum, der gealterte Traum, aber der Traum von der Zweisamkeit ging mit seinem fächelnden Altersideal ins Amphitheater! Was für ein Seelenmorden auf der Welt.

»Warst du hier mit Gieslinde auch?«

»Nein, Schatz, wir waren so verliebt, daß wir gar nicht aus der Pension rausgekommen sind.«

Schwesterkahn kam neben Schwesterkahn.

»Den Bildern nach war sie keine Schönheit.«

»Sie hatte ihre Vorzüge. Sie war aufopfernd. Vielleicht zu anhänglich. Du weißt, ich mag souveräne Menschen.«

»Sie hat dich immerhin bis zum Schluß geliebt.«

»Wohl noch länger, Dorothea ...«

»Wo lebt sie?«

»Ich hoffe, sie lebt. Ist ja aber egal.«

»Sei nicht hart.«

»Wo willst du essen?«

»Würdest du noch mit ihr sprechen?«

»Was für eine Frage, hier? ... Du, ich würde sie nicht einmal mehr auf der Straße erkennen ...«

Es war schwer zu sagen, wie es geschah.

»Da liegt *Bär due*«, hörte man noch von Peter Keßler. Den Griff des linken Ruders hatte seine Ex-Ehefrau schon lange in der Hand. Ehe das Nachbarboot im Brackwasser der Kyane-Quelle mit seinem Rand an dem Rand ihres Boots vorbeischleifte, war die 62jährige mit einer Anstrengung, wie sie sie seit dem Arbeitsdienstjahr auf dem Bauernhof nicht mehr geleistet hatte, im schwankenden Boot auf die Beine gekommen. Es waren drei entsetzliche Schreie, die die Kyane-Haine erfüllten. Aber der Paddel, der Peter Keßler auf den Kopf traf, hatte eine solche Wucht, daß die Brille des Hingerichteten erst nach zehn Metern Flugs im smaragdgrünen Sumpf versank. Die Leiche einer Frau, die offenkundig in einem Zweikampf unterlegen war, tauchte erst nach Monaten wieder auf.

Uli Becker

Die Große Weiße Hoffnung

Für die Niedlichkeit bin ich zu alt und grau,
bin es schon immer gewesen: Früh krümmt sich
unter Bauchschmerzen im Staub der Herbstkirmes,
wem das Glück, gehabt, sich vergegenständlicht
als ein Laib Sägemehl mit Amputationsstümpfen
in einem Fell aus fernöstlicher Frotteeware.

Diese Knopfaugen! Und das gefrorene Lächeln!
Grundgut, treudoof, und an den Füßen aufgehängt
kann der sogar sprechen oder was das sein soll:
Die deutsche Synchronstimme zu allem Überfluß
ein Bäääh-Lämmchen, zahnlos wie die Zuckerwatte,
die am strahleblauen Kinderhimmel dahinzieht.

Bißchen daneben von dem ganzen Hully Gully,
die Schnute schief und verschmiert mit Ersatz
so süß und getürkt wie Träume, tausendundeinmal
durch den großen bösen Disney-Wolf gedreht,
schleichst du nach Hause – unterm Arm der Bär
und du geschiedene Leute. *Das* nennt man Glück?

Korrigieren mußt du das! Selbst ist der Mann,
mag er auch klein sein: Es kommt bald der Tag,
wo du strullen kannst auf dieses namenlose Elend

und dann raus mit ihm auf die Balkonbrüstung, auf allen vieren und dampfend, wenn in der Luft der erste Frost, die große weiße Hoffnung liegt.

Und Tatsache, am Morgen ragt da, rauh und reif, ein transformierter Teddy vor dem Küchenfenster. Zu rund zwar seine Silhouette, doch ergänzt du Ecken und Kanten instinktiv. *Das* willst du werden, wenn du mal groß bist! Eisgraue Eminenz, cool bis dorthinaus: Die einsame Spitze des Eisbärs.

Jochen Schimmang
Vom Bärendienst

Keine andere Organisation ist so vielen Mißverständnissen und Vorurteilen ausgesetzt wie der Bärendienst. Seit La Fontaines unseliger Fabel vom Bären und dem Gartenliebhaber ist die Leistung eines Bärendienstes gleichbedeutend mit nicht nur unerwünschter, sondern sogar Unglück stiftender Hilfe. Kaum jemand weiß, daß die hochkomplexe moderne Bärengesellschaft ohne die schrittweise Einrichtung und Erweiterung des Bärendienstes längst nicht mehr funktionsfähig sein würde.

Der Bärendienst wurde in etwa zur gleichen Zeit wie das Rote Kreuz gegründet. Anfangs beschränkten sich seine Aktivitäten auf das Gebirge, wo in den Bergen verschollene Bären durch speziell dafür ausgebildete Helfer, die sogenannten *Bärhardiner*, aus höchster Not gerettet wurden. Zur Grundausstattung bei diesen Rettungsaktionen gehörte ein kleines Faß mit Honig, dessen Inhalt den Opfern als erste lebensrettende Maßnahme eingeträufelt wurde.

Nur zwei Jahrzehnte später wurde das Betätigungsfeld des Bärendienstes auch auf das Flachland, speziell den Küstenbereich ausgedehnt. Mit der Entwicklung des Badetourismus von einem Privileg weniger reicher Bären zu einem wohlfeilen Massenvergnügen gerieten immer mehr Bären und Bärinnen bei waghalsigen Schwimmanövern in Lebensgefahr und wurden oft genug durch bestens geschulte *Seebären* vor dem sicheren Tod bewahrt. Mit wenigen kraftvollen Bewegungen schwamm der Seebär zur gefährlichen Stelle, nahm die nach Luft japsende Bärin in den Schlepptau, zog sie an Land und begann dort sofort mit der Mund-zu-Mund-Beatmung.

Die Entwicklung des Skitourismus und die sprunghaft ansteigenden Unfälle machten die Entwicklung eines neuen Berufsbildes nötig. Den schwer gestürzten Skiläufern, die jammernd mit ihren Tatzen das gebrochene Bein umklammerten, eilte der sogenannte *Schiebär* zu Hilfe, dessen Ruf allerdings bald nicht der beste war, galt er doch nach Feierabend als ausgesprochener Draufgänger bei der nachmittags geretteten Bärin. Du kannst morgen sowieso nicht wieder auf die Piste, war sein Standardspruch, mit dem er den tröstlichen Hinweis einleitete, daß es auch noch andere schöne Dinge im Leben gibt. *Schiebär* wurde so mehr und mehr zu einem Schimpfwort, das an den ursprünglichen Bereich des Skilaufens nicht mehr gekoppelt war und in ganz anderen Zusammenhängen auftauchte: auf dem Fußballplatz, im Bankengewerbe und auf dem Schwarzbärmarkt.

Einen ausgesprochen guten Ruf haben dagegen

jene Angehörigen des Bärendienstes, die triebregulierend darüber wachen, daß nicht ein unbefugter Bär der Bärin an den Bären geht. Anfangs noch mit der etwas umständlichen Bezeichnung *Übär-Ich* gekennzeichnet, spielte sich im Volksmund bald die Bezeichnung *Wachbär* ein, durch die zweite mittelrheinische Lautverschiebung irrtümlich auch oft *Waschbär* genannt. Wachbären erfüllen in einer Zeit zunehmend notwendig gewordenen Triebverzichts eine zivilisatorisch sehr wichtige Funktion und werden entsprechend hoch bezahlt. Immer wieder allerdings wird von Fällen berichtet, in denen sie den Versuchungen, in die ihre Position sie bringt, nicht widerstehen können, dann nämlich, wenn die bewachte Bärin mit dem schon klassisch gewordenen Zweizeiler lockt:

Hör einmal, mein Liebär, / komm doch einmal rübär!

Dann wird doch der eine oder andere Wachbär am Ende schwach. Hinterher kommt ein echter Waschbär und macht alles wieder saubär.

Robert Wolfgang Schnell

Sind die Bären glücklicher geworden?

Ich habe vier oder fünf Symphonien geschrieben. Ich weiß nicht mehr, wie viele es waren. Auch ein »Te Deum« für Doppelchor und vier Orchester. Alles voller Terzen und Trompeten. Das schob ich vor mir her wie eine Schubkarre, und nie hatte ich einen Zweifel über den Weg.

Zweifel hatten die anderen. Die Familie. Die Nachbarn. Die Leute über uns und unter uns. Und wenn abends nach zehn Uhr oder mittags zwischen eins und drei irgend etwas zu hören war, sollte es auch der schönste Dreiklang gewesen sein, bumsten sie mit Besen an die Decke, und oben trampelten sie auf dem Fußboden herum.

Nur eine Frau Terborch, eine schwerhörige alte Dame, lobte meine Musik. Alles andere war für sie nicht laut genug. In ihrer Verehrung ging sie soweit, bei den damaligen Reichspräsidentenwahlen weder Hindenburg noch Thälmann zu wählen: in die freie Zeile trug sie meinen Namen ein. So dankte sie dem Musiker, der auch für Schwerhörige etwas zu bieten hatte.

Aber das nutzte alles nichts. Als meine aus dem Fenster klingende Musik von den Passanten eines

Tages für das Tambourin eines Bärenführers gehalten wurde, riß Mutter mir die Notenblätter vom Klavier und führte mich zu einem Lehrer.

Sie hatte ihn selbst ausgesucht. Ein langweiliger Kerl, dem nichts Böses nachgesagt wurde. Steinschmeißerchen hieß er, spielte bei einer rheinischen Sekte Harmonium, und lehrte mich zweistimmigen, dreistimmigen und vierstimmigen Satz.

Dann sollte ich, nach einem halben Jahr Unterricht, den ersten Teil des zweiten Satzes aus Schuberts a-Moll-Klaviersonate instrumentieren. Dabei hatte das Schubert schon so wunderbar für Klavier geschrieben! Als ich die Oboenstimme notieren wollte, kotzte es mich an, im Werk des Größeren herumzuwurschteln. Ich zerriß die Blätter und ging in die Kneipe gegenüber.

Dort saß Wilhelm. Mit dem Lastzug mußte er Gemüse aus Hamburg holen. Ich fuhr mit. Ohne Hut und Mantel. So, wie ich war, und kehrte nie wieder nach Hause zurück.

Aber in Hamburg Gemüsekisten schleppen, das konnte ich gar nicht. Die Muskeln fehlten mir.

Ein alter Seemann, der auf der Reeperbahn in einem Okularium schweinische Bilder zeigte, bot mir seine Vertretung an, weil er schon vierzehn Jahre auf dem Stühlchen neben dem Gerät saß und nunmehr begann, sich zu langweilen. Ein Blick für die Dauer von zwei Umdrehungen der Kurbel kostete fünf Pfennige. Da der Geschlechtsakt auf den Bildern nach zwei Umdrehungen noch nicht beendet war, zahlten fast alle nach. Sie wollten nichts Halbes sehen. Man drängte und schlug sich vor dem Apparat. Von jeden fünf Pfennigen war ein Pfennig für mich. Der Seemann konnte sich jetzt ausschließlich dem Schnapsgenuß hingeben. Er war selig. Das Trinken langweilte ihn nicht so.

Aber ich war doch auf eine bessere Stelle erpicht.

In einem Kabarett dem Okularium gegenüber erkrankte ein schwarzer Kunstpfeifer, den sollte ich ersetzen. Ich wurde von oben bis unten angemalt, denn dort traten nur Neger auf, und an Stelle der Flöte bekam ich ein kleines Stück Holz in die Hand. Die Flötenstimme spielte Ferdy Berkacher, ein verkrachter Musikstudent, unsichtbar im Orchester.

Die schwarzen Tänzerinnen, die zu meinen Sprüngen und den Kunststücken auf dem Holz im Hintergrund die Hüften wiegten, schminkten mich jeden Abend mit großem Gekreisch.

Ich zog zu einer von ihnen. Doka Dudades hieß sie, was ich in Doris umänderte. Der Doris spielte ich morgens nach dem Frühstück auf dem Akkordeon deutsche Volkslieder vor. Sie weinte dazu, küßte mich und sagte, ich erinnere sie an ihr Dorf zu Hause.

Als ich dem Schiffer, bei dem ich morgens und nachmittags noch weiter arbeitete, meinen Einzug bei Doris mitteilte, warf er eine Flasche nach mir.

Ich konnte mich gerade noch bücken. Ehe er mich entließ, sagte er noch, daß ich ihm nun sein ganzes Leben versaut hätte. Und wenn ich später an dem Platz auf der Reeperbahn vorbeikam, und das mußte ich jeden Tag, spuckte er aus.

Aber das Programm in dem Kabarett ging nach sechs Wochen zu Ende. Die Mädchen – und auch meine Doris – reisten unter Tränen ab. Ich verband mich mit dem ebenfalls entlassenen Fredy Berkacher und zog mit ihm und seiner Flöte durch Schleswig-Holstein. Wir spielten überall in den Kneipen die »Petersburger Schlittenfahrt« und andere Stücke für Brot und Bier. Das klappte ganz gut, wenn wir zu Leuten kamen, die schon das Nötige getrunken hatten.

Der Berkacher fand in Heide, einem Nest in Holstein, ein Mädchen, dessen Eltern ein Schuhgeschäft hatten. Er stahl mir sofort ein Paar neue Schuhe, und ich konnte weiterziehen. Aber mit Klavier alleine kann man sein Glück nicht machen. Zu viele Leute spielen Klavier. Ich war nur die Zugabe zur interessanten Flöte gewesen.

Es blieb mir nichts anderes übrig, als in Hamburg anzuheuern. In Marseille flüchtete ich wieder von dem Schiff. Ich hatte zuviel Schläge bekommen. Der Kapitän sagte mir, nachdem wir auf dem Wasser waren, gleich: »Sie sind Deutscher, nicht wahr? Ich kann keine Deutschen leiden. Jeden Morgen um fünf nach acht bringen Sie mir den Kaffee. Ich bin Kenner.« Regelmäßig saß er um fünf nach acht hinter seinem Tisch und guckte mich mit blutunterlaufenen Augen an. Dann schlürfte er einen Schluck, stand auf und schlug mir ins Gesicht. Es war ein Schwede, der eine deutsche Frau hatte. Er meinte mehrmals, ich sähe aus wie ein unehelicher Sohn seiner Frau.

In Marseille lungerte ich hungrig herum und interessierte mich schon für Müllkästen, als mich ein alter Mann ansprach. Er hatte mich lange beobachtet und beugte sich zu mir herunter, als ich in einer Haustür saß und nicht mehr gehen konnte. Meine Fußgelenke waren schon dick. Ich hatte drei Tage nichts gegessen und überlegte einen Raub. Eine bestimmte Person mit einem gelähmten Bein, die immer mit großen Taschen herumlief, hatte ich im Auge. Dabei dachte ich wieder an Steinschmeißerchen, meinen Musiklehrer, und wie einfach es gewesen wäre, die Harmonie- und Instrumentationsübungen bei ihm zu machen. Aber in mir tobte noch immer die hohe Inspiration, und vor den Müllkästen dröhnten mir meine Symphonien im Kopf. Ich verbot mir jedesmal von neuem, ein Musiker zu werden, der niemandem auf den Wecker fiel. Nur an das »Te Deum« dachte ich nicht mehr. Hungernd vergißt man leicht zu loben.

Der Mann nahm mich mit. Obwohl er sich selbst kaum auf den Beinen halten konnte, stützte er mich. Im dritten Hinterhof in einem dunklen Loch zu ebner Erde wohnte er.

»Ich sterbe bald«, sagte er, »und will dir mein Tier geben.«

Ich sah kein Tier. Er ging in eine Ecke, in der etwas brummte, und beugte sich in das Dunkel nieder. Ich hörte eine Kette. An der zog er den Bären hoch und zerrte ihn in den Hof. Ein jämmerliches Tier.

»Hier hast du ein Tambourin«, sagte er. »Nimm das Tier, mit ihm kannst du immer dein Geld verdienen, wenn du es tanzen läßt. Du darfst nur nicht freundlich zu ihm sein. Durch Schläge hab ich den Filou demoralisiert, nun kann er sie nicht mehr entbehren. Er ist ein vollendeter Bourgeois: durch Freundlichkeit gerät er aus dem Leim.«

Er drückte mir eine Lederpeitsche in die Hand, gab dem Bären noch einen Tritt und ging.

Nun stand ich auf dem Hof mit meinen dicken Beinen. Der Bär lag auf dem Boden und war vor Entkräftung gleich eingeschlafen. Ängstlich zerrte ich an der Kette. Er erhob sich sofort und trottete los. Ich nahm die Peitsche von einer Hand in die andere, er sah es, fing an zu laufen und zog mich mit. Auf der Straße hatte ich bald viele Kinder um mich, alle gaben ihm einen Bissen oder ein Stück Zucker. Die Huren machten mir große Vorwürfe wegen der wunden Stelle, die er an dem rostigen Nasenring hatte. Ich ließ niemanden mehr direkt füttern, sondern sammelte ein, ging schnell weiter und aß die Hälfte selber.

Nun war ich das, was die Leute prophezeit hatten: Bärenführer. Ich konnte meine rhythmischen Studien am Tambourin fortsetzen, ließ mir einen Bart wachsen und zog mit dem Tier durch ganz Frankreich. Ich konnte mich kaum ernähren, und bei der dauernden Sorge um das Futter des Bären und um meine eigene Ernährung, vergaß ich nach und nach die musikalische Inspiration und wurde ein echter Bärenführer, der die Peitsche zu gebrauchen lernte.

Einmal übernachtete ich bei einem Bauern in Nordfrankreich. Dort band ich den Bären in der Scheune an und ließ mich von den Töchtern ins Haus bitten. Sie hatten ein Klavier und ich spielte darauf. Die Finger waren sehr steif geworden. Die Töchter fanden meine Klaviersonate, die mir wieder einfiel, schrecklich. Als ich endlich die »Petersburger Schlittenfahrt« spielte, waren sie bereit, mich für ein Genie zu halten. Sie verlangten mehr. Ich spielte »Zirkus Renz« und machte das Schlagzeug mit der linken Hand auf dem Klavierdeckel. Sie konnten sich vor Begeisterung nicht fassen. Vor allem die Jüngste nicht.

Während ich spielte, fiel draußen ein Schuß. Wir rannten alle hinaus.

Von der Jagd kommend, hatte der Bauer den Bären in der Scheune erschossen. Er hatte ihn für ein Wildschwein gehalten, das eingebrochen war. Der Bauer sagte kein Wort, sah mich nur finster an und ging grußlos ins Haus.

In der Dunkelheit zerrte ich den Bären unters

Heu. Michèle, die Jüngste, deckte ihn sorgfältig zu. Während ich dem Tier am nächsten Morgen eine Grube aushob und ohne Rührung die harten Erdbrocken beiseite warf, weinte sie und streichelte den Bären die ganze Zeit, bis ich ihn in das Loch warf und es wieder zuschüttete. Der Bauer wollte gerne die Tatzen essen und hatte auch schon in einem alten Kochbuch für Jäger nachgesehen, wie sie zubereitet werden müßten. Aber die Töchter ließen es nicht zu.

Ich blieb einige Zeit auf dem Hof und machte mich nützlich, indem ich Rüben für die Kühe schnitzte und das Schweinefleisch kochte.

Als die jüngste Tochter schwanger von mir war, zog ich mit ihr in die Stadt. Sie hatte einiges gespart, aber das hielt nicht lange. Es mußte unbedingt die Stadt sein. Sie konnte es gar nicht abwarten, obwohl ich ihr die Straßen, Häuser und Menschen in den düstersten Farben malte, den ganzen Moloch auseinandernahm, wobei ich mich bis zu einem Hymnus auf die Hühner verstieg, diese von ihrem Haupthahn so gerne unterdrückten Biester. Aber sie träumte von irgend etwas, was sie auch nicht bezeichnen konnte. Sie hatte eben auch ihre Symphonie im Kopf, und ich sah schon, wie alles beim Tanzbär endete. Wie bei mir.

In der Stadt ging es rasend schnell. Als das Geld aufgebraucht war, konnte ich Gott sei Dank in einem kleinen Lokal, in dem ich das meiste davon vertan hatte, mit dem Klavier unterhalten.

Ab und zu komponierte ich mir Stücke, die ich für die Bar geeignet fand. Aber jedesmal, wenn ich spielte, kam der Wirt und sagte, so laute Sachen ohne Melodie wollten seine Gäste nicht hören. Dann griff ich wieder zu den läppischen Liedchen, die da oben in Nordfrankreich beliebt sind.

Seit ich täglich das Klavier unter den Händen hatte, rumorten meine Symphonien wieder in mir. Ich war sehr unruhig und kehrte eines Nachts nicht mehr nach Hause zurück, wo meine Frau den ganzen Tag in ihrem schmutzigen Morgenrock herumlief, das Kind küßte und es nunmehr wegen seines Vaters bedauerte.

Ich schlug mich nach Hamburg durch, spielte, wie ich es schon in der Jugend gemacht hatte, mal hier, mal da und lebte von Brötchen, Margarine und holsteinischem Magerkäse. Da mein Anzug sehr schäbig geworden war, konnte ich auch kein festes Engagement finden.

Eines Tages sprach mich in der Kneipe, in der ich wieder die »Petersburger Schlittenfahrt« gespielt hatte, Räuber-Ernst an. Ein ganz und gar mit nackten Frauen tätowierter Matrose, der zwei Raubüberfälle hinter sich hatte. Ich erkannte ihn mit Mühe wieder. Er war von dem Schiff, auf dem ich bis Marseille gekommen war. Jetzt war er Portier bei der Inneren Mission.

Er nahm mich zu einem Pfarrer mit, und ich konnte abends in den Bibelstunden Harmonium spielen – (dem Steinschmeißerchen bat ich vieles ab) – und morgens den Garten von Unkraut säubern. Dabei gedachte ich oft des halbverhungerten Bären, auf dessen Rücken ich gesessen und meine trockenen Schnitten gekaut hatte, wenn er in den verfaulten Gurkenschalen schmatzte.

Ich gestand dem Pfarrer, daß ich nicht angemeldet sei. Er haßte die Nazis und sah es als seine Pflicht an, mich bei sich zu behalten. Er räumte mir einen Platz im Geräteschuppen des Pfarrgartens und stellte mir einen kleinen Ofen hinein. Er bat mich nur, ein Lied für die Seemannsmission zu komponieren. Das tat ich, und es wurde ein großer Erfolg, als es zum Besuch des Oberkonsistorialrates Schmalenbach zum erstenmal gesungen wurde.

Er gab mir etwas Geld dafür. Ich machte heimlich eine Reise nach Heide. Dort lebte noch mein früherer Freund Berkacher, der ehemalige Musikstudent. Er hatte jetzt einen weißen Kittel an und redete mit den Heider Damen, die auf einer Kokosmatte vor dem Schuhspiegelchen auf- und abgingen.

»Du kannst meinen Kindern Klavierstunden geben«, sagte er, »wenn du in Heide wohnst.«

Aber ich fuhr zurück und hauste den ganzen Krieg über bei dem alten Pfarrer und verließ nicht einmal den Garten. Ich lag meist auf meiner Pritsche und las theologische Bücher. Nur bei den großen Bombenangriffen nahm ich an der Zeit einen kleinen Anteil. Einmal hatte ich die Vision, als hätte ich mit meinen Symphonien dem allen wehren können. Aber ich vergaß das auch schnell wieder und reparierte den Rasenmäher, vertiefte mich in seine sinnvolle Konstruktion. Ich sah mich auch mal, als Bären an der Kette aus dem Keller gezerrt werden, und dachte, wie man Bären vielleicht glücklicher machen könnte. Aber es gibt ja hier keine Tanzbären mehr. In Indien nimmt man Lippenbären dazu und hat eine Riemenvorrichtung, mit der man ihnen die weiche Schnauze zuziehen kann. Dann hopsen sie besser.

Der alte Pfarrer ist gestorben, und ich wohne nun in Heide. Als Kriegsdienstverweigerer bekam ich gleich eine Wohnung. Meine ersten Schüler, die Söhne des früheren Flötisten, mit dem ich immer noch mal, wenn wir eine Flasche Korn aufhaben, die »Petersburger Schlittenfahrt« spiele, sind längst erwachsen.

Ich habe viele Falten bekommen und nehme an, daß jede von ihnen eine der verhinderten Symphonien ist, denn sonst bin ich ja immer mit Glück und ohne viel eigenes Zutun durchgekommen. Ich habe vierzehn Schüler und von meiner kurzen Seemannszeit noch einen schwankenden Gang.

Abends gehe ich zu meinen Chören und lasse alte Männer den Wald und die Sterne besingen, ehe sie zu Bier und Schnaps übergehen. Jetzt muß ich schnell den Fingersatz über eine Sonatine von Clementi machen. Um drei Uhr kommt Ute, ein begabtes Mädchen von zehn Jahren.

Joachim Ringelnatz
Bär aus dem Käfig entkommen

Was ist nun jetzt?
Wo sind auf einmal die Stangen,
An denen die wünschende Nase sich wetzt?
Was soll er nun anfangen?

Er schnuppert neugierig und scheu.
Wie ist das alles vor ihm so weit
Und so wunderschön neu!
Aber wir schrecklich die Menschheit schreit!

Und er nähert sich geduckt
einem fremden Gegenstande. –
Plötzlich wälzt er sich im Sande,
Weil ihn etwas juckt.

Kippt ein Tisch. Genau wie Baum.
Aber eine Peitsche knallt.
Und der Bär flieht seitwärts, macht dann halt.
Und der Raum um ihn ist schlimmer Traum.

Läßt der Bär sich locken. Doch er brüllt.
Läßt sich treiben, läßt sich fangen.
Angsterfüllt und haßerfüllt
Wünscht er sich nach seines Käfigs Stangen.

Eva Demski
in memoriam erich 1989

der alte eisbär ist tot.
erich.
das fell zuletzt wie ein versiffter flokati
zum ausstopfen
sei er zu häßlich, sagte der zoodirektor.
dreiunddreißig jahre geworden
die chance hätte er
in der arktis nie gehabt
regelmäßiges futter
autoreifen im wasser zum spielen
bißchen arthritisch die letzten
jahre
und immer
das bild eines blauen eisbergs im herzen.

Nachweise

Bären als Nebenkläger. Gefunden in der *Frankfurter Rundschau.*

Bärensache – Ehrensache. Gefunden in der Zeitschrift BRIGITTE.

Uli Becker, *Die Große Weiße Hoffnung.* Erstdruck.

Ambrose Bierce, *Der Bär im Lasso*, aus: Ambrose Bierce, *Bittere Stories,* © Dieterich'sche Verlagsbuchhandlung, Leipzig, o. J.

Irmela Brender, *Von Janko, den Bären und dem Elend aller Kreatur.* Erstdruck.

Burgbär als Bettvorleger. Gefunden in der *Frankfurter Rundschau.*

Eva Demski, *in memoriam erich 1989* und *Beerenlese.* Erstdrucke.

Günter Bruno Fuchs, *Ein Bär geht zum Bahnhof*, aus: Günter Bruno Fuchs, Werke in drei Bänden. Band 2: Gedichte und kleine Prosa. Herausgegeben und mit einem Nachwort von Wilfried Ihrig. © 1992 Carl Hanser Verlag, München Wien.

Grandville, *Der Bär*, aus: Grandville, *Bilder aus dem Staats- und Familienleben der Tiere*. Erster Band, Insel Verlag, Frankfurt am Main, 1976.

Brüder Grimm, *Schneeweißchen und Rosenrot*, aus: Brüder Grimm, *Kinder- und Hausmärchen*, Insel Verlag, Frankfurt am Main, 1974.

Peter Härtling, *An eine geschätzte Person*, aus: Peter Härtling, *Das Land, das ich erdachte. Gedichte 1990–1993*. © Radius Verlag, Stuttgart, 1993.

Bernd Jentzsch, *Ein Streifzug der Tiere*, aus: Bernd Jentzsch, *Jungfer im Grünen*. © 1973 Hinstorff Verlag, Rostock.

Reinhard Kaiser, *In Gegenwart alter Bären*. Erstdruck.

Mascha Kaléko, *Der Polarbär mit Schlußgebet*, aus: Mascha Kaléko, *Papagei und Mamagei*. 1982. 5. Auflage 1986, arani Verlag, Berlin.

Marie Luise Kaschnitz, *Eisbären*, aus: Marie Luise Kaschnitz, *Gesammelte Werke*, Band 4. © Insel Verlag, Frankfurt am Main, 1972, S. 436–444.

Heinrich von Kleist, *Außerordentliches Beispiel von Mutterliebe bei einem wilden Tiere*, aus: Heinrich von Kleist, *Sämtliche Werke und Briefe*. Carl Hanser Verlag, München 1977.

Elsemarie Maletzke, *Miss Miles und ihr Koala*. Mit freundlicher Genehmigung der Autorin.

Klaus Modick, *Scharlachgeschichte*. Erstdruck.

Günther Nenning, *Der Mensch muß ein Bär sein*. Erstveröffentlichung in der *Weltwoche*, 30. April 1992.

Hans Pleschinski, *Wunden heilen*. Mit freundlicher Genehmigung des Autors.

Randale um Gummibärchen. Gefunden in der *Süddeutschen Zeitung*.

Joachim Ringelnatz, *Es trafen sich von ungefähr* und *Bär aus dem Käfig entkommen*, aus: Joachim Ringelnatz, *Das Gesamtwerk*. Gedichte 1 © 1994 Diogenes Verlag AG Zürich.

Esther Scheidegger, *Postheiris Bärentänze*. Erstdruck.

Jochen Schimmang, *Vom Bärendienst*. Erstdruck.

Robert Wolfgang Schnell, *Sind die Bären glücklicher geworden?* aus: Robert Wolfgang Schnell, *Sind die Bären glücklicher geworden?* © 1983 Verlag Klaus Wagenbach, Berlin.

Andrea Simmen, *Die Zunge*. Erstdruck.

Burkhard Spinnen, *Rheinische Bärenfabel*. Erstdruck.

Wolf-Dieter Storl, *Der Krösus des Tierreichs* und *Mutzopolis – die Bärenstadt Bern*, aus: Wolf-Dieter Storl, *Berserker und Kuschelbär*. © Aurum Verlag GmbH, Braunschweig, 1992.

Alain Claude Sulzer, *Stumme Trauer*. Erstdruck.

Evelyn Waugh, *Sebastian und Aloysius,* aus: Evelyn Waugh, *Wiedersehen mit Brideshead.* © 1983 Claassen Verlag GmbH, Düsseldorf (jetzt Hildesheim).

Peter F. Weber, *Die Bären sind los.* Erstveröffentlichung in DIE ZEIT, 13. Mai 1994. Mit freundlicher Genehmigung des Autors.

Die Herausgeberin und der Verlag danken den Autorinnen und Autoren für ihre Geschichten und Gedichte, die eigens für dieses Buch geschrieben wurden. Unser Dank gilt auch den Verlagen, die uns Genehmigungen zum Abdruck der bei ihnen erschienenen Werke erteilten. Die kleinen Bären zeichnete Konstanze Berner, wofür wir ebenfalls herzlich danken.

Inhalt

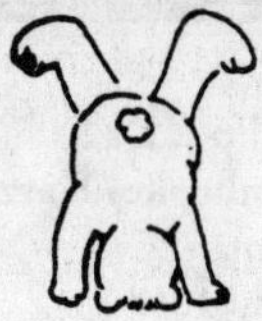